法理学十二讲

文学影视作品中的法理呈现

王霁霞 ◎ 编著

图书在版编目（CIP）数据

法理学十二讲：文学影视作品中的法理呈现 / 王霁霞编著. -- 北京：华文出版社，2025.1. -- ISBN 978-7-5075-6095-4

Ⅰ．D90

中国国家版本馆CIP数据核字第2024GF4591号

法理学十二讲：文学影视作品中的法理呈现

编　　著：王霁霞
责任编辑：修文龙
出版发行：华文出版社
社　　址：北京市西城区广安门外大街305号8区2号楼
邮政编码：100055
电　　话：总编室 010-58336239
　　　　　发行部 010-58336267/58336253
　　　　　责任编辑 010-63426125
经　　销：新华书店
印　　刷：北京新华印刷有限公司
开　　本：880mm×1230mm 1/32
印　　张：6.5
字　　数：160千字
版　　次：2025年1月第1版
印　　次：2025年1月第1次印刷
标准书号：ISBN 978-7-5075-6095-4
定　　价：48.00元

版权所有，侵权必究

前 言

愉悦学习背景下文学影视作品中的法理呈现

法律是人类文明独特的文化现象。对法是什么的探讨贯穿了整个人类文明发展的历史。

曾写下人类历史上第一部法学著作《法律篇》的柏拉图曾说，凡是若干个体有着一个共同的名字的，它们就有着一个共同的"理念"或"形式"。世间存在的法律都有一个共同的理念，那就是自然法。而著名的启蒙思想家孟德斯鸠却认为，不同地方的法律之间有很大差异，地理气候环境及群体生活形成的传统性因素对法律的产生和发展非常重要，这些构成了"法的精神"。亚里士多德认为，法与正义同名。苏格拉底将自己的生命作为祭奠，告诉了世人何谓"守法即正义"。而19世纪的英国法学家约翰·奥斯丁却给法下了一个著名的定义："我们所说的准确意义上的法，是一种命令。"

法是什么？法律背后的原理和公理有哪些？这个追问和回答的过程，就是对法之理的探寻过程，也是"法理学"课程探讨的主题。法理学，英文名称是 Jurisprudence，是以整个法律现象的共同发展规律和共同性问题为研究对象的学科。一直以来，法理学作为法学专业第一门基础课程，起着引导学生入门、开启法学学习、奠定基础性法学理论和方法论的重要作用。但也正是由于法理学本身理论性较强，入门阶段的学生在学习时容易出现内容抽象理解难、理论概念掌握难、专业思维形成难等教学痛点。文学影视艺术作品呈现的法律问题，恰好能够通过艺术作品本身的审美性与趣味性弥补法学理论的抽象性，起到提升学生学习兴趣、帮助理解理论的作用。这也是十多年来本人在教学中坚持的教学方法，让学生在愉悦中学习（playful learning），通过学生感兴趣的素材对法学基本原理进行讲解，帮助没有法学知识的学生产生法学兴趣、建立法学知识框架。当然，文学影视作品由于其艺术性特征，在法学知识框架的呈现上不可能具有传统教材的全面性，因此，本书可以作为法理学传统教材的辅助用书[①]，或者对法学感兴趣的社会学习者入门的书籍。

本书是在多年的教学实践中形成的，其主要内容也来源于本人主讲的慕课——《法理学：文学艺术作品中的法理呈现》。本书的整理出版离不开我的几位学生渠晨曦、杨斯雅、李曦童的帮助，也离不开华文出版社和编辑修文龙的辛勤帮助。本书得到北京科技大学教材建设经费资助，得到北京科技大学教务处的全程支持，在此一并感谢。

多年的法学教学实践让我深切感受到，法律不是抽象和枯燥的理论，而是扎根于生活中饱含生命的真切实践。很多实践被人类的思想家、文学家加工成艺术作品，因而这些文学影视艺术作品也是重要的法理载体，告诉我们法之理是如何贯穿在我们对人类终极的关怀之中。我们在《赵氏孤儿》《哈姆雷特》中看到了人类原始的情感复仇与法律的关系，在《水浒传》《教父》中看到了正式规则与非正式规则的关系；卡夫卡的《审判》《在流放地》向我们展现出在法的门前徘徊的个体的无助，以及令人窒息的人类惩罚同类及自我惩罚的冲动，《三体》《2001太空漫游》则让我们思考在星际文明之中法律的安放……

现在，就让我们开启这段旅程，跟随伟大思想家、艺术家的脚步，从千百年来的人类法律实践之中，从文学影视艺术作品之中，探求法之理。

王霁霞
2024年秋于北京

[①] 如马克思主义理论研究和建设工程重点教材《法理学（第二版）》，人民出版社2021年版；张文显主编《法理学（第五版）》，高等教育出版社2018年版。

目 录

第一讲　法学是什么

一、法学是什么 / 1
　　（一）古希腊神话故事中的法涵义 / 1
　　（二）中国古汉语中的法涵义 / 3
　　（三）天平与神兽：正义女神与獬豸在法律象征中的双重奏 / 5

二、法理学是什么 / 7
　　（一）法理学的本质：《罪与罚》中关于法是什么的探讨 / 7
　　（二）法理学的研究对象与范围 / 9
　　（三）法理学在法律实践中的运用 / 9

三、洞穴奇案的法理思考 / 10
　　（一）法理学上著名的假想公案：洞穴奇案 / 10
　　（二）洞穴奇案中的法学观点 / 11
　　（三）洞穴奇案的启示 / 13

四、关于法学是什么的小结 / 13

第二讲　法学领域的人类群星闪耀时

一、西方历史上关于法是什么的追问 / 15
　　（一）古希腊轴心时期的法定义 / 15
　　（二）古罗马的法律思想 / 18
　　（三）欧洲中世纪的法哲学 / 19
　　（四）启蒙时代关于法的追问与探讨 / 20
　　（五）西方历史上其他学派对法的追问 / 21

二、中国历史上关于法是什么的追问 / 25
   （一）中国历史上的法概念 / 25
   （二）历史上的法家与法 / 25
三、马克思主义关于法概念的理解 / 26
   （一）法与社会的关系 / 26
   （二）马克思主义指导下的法概念 / 26
四、关于法是什么的追问的小结 / 27

第三讲　法的形式理性与实质理性

一、法的形式理性：为什么辛普森会被判无罪 / 28
   （一）"世纪审判"辛普森案：法律的程序价值 / 28
   （二）法的形式理性的内涵 / 30
二、法的实质理性：纽伦堡审判与拉德布鲁赫公式 / 31
   （一）纽伦堡审判：法律的合法性危机 / 31
   （二）拉德布鲁赫公式：恶法非法 / 34
   （三）法的实质理性的内涵 / 35
三、法的渊源：法律形式的金字塔结构 / 35
   （一）哈佛大学招生平权法案：法的渊源的效力冲突 / 35
   （二）法的渊源的含义与分类 / 36
   （三）当代中国法的正式渊源与法律体系效力层级 / 37

第四讲　实定法与自然法

一、超越法律的法：《安提戈涅》中的自然法 / 41
   （一）古希腊悲剧《安提戈涅》：自然法与实定法的冲突 / 41
   （二）《安提戈涅》的抗争：批判实定法的艺术符号 / 42

（三）自然法的精神价值 / 44
　二、实定法与自然法：哈特的三次论战 / 45
　　（一）哈特新分析法学提出的背景 / 45
　　（二）哈特与富勒的论战 / 46
　　（三）哈特与法官德富林的论战 / 48
　　（四）哈特与德沃金的论战 / 49
　　（五）关于三次论战的小结 / 50

第五讲　什么是法学的核心视角

　一、权利与法律：为什么要为权利而斗争 / 52
　　（一）权利与法律的关系 / 52
　　（二）为权利而斗争：《杀死一只知更鸟》《绿皮书》中的
　　　　权利斗争 / 52
　　（三）权利义务是法学的核心概念 / 55
　二、《死魂灵》中的买卖法律关系：什么是法律关系 / 56
　　（一）法律关系的概念 / 56
　　（二）法律关系的主体和客体 / 56
　　（三）《死魂灵》买卖法律关系的主体和客体 / 57
　　（四）法律关系的意义 / 58

第六讲　什么是法的要素

　一、关于法的要素的不同学说及通说 / 59
　二、法律概念与概念法学：法律大厦的阿基米德支点 / 63
　　（一）法律概念 / 63
　　（二）概念法学 / 64

三、法律规则与法律原则：《威尼斯商人》中的法律适用 / 65
　　（一）法律视角中的《威尼斯商人》/ 65
　　（二）法律规则与法律原则的概念及适用区别 / 67
　　（三）《威尼斯商人》中的法律规则和法律原则关系 / 68

第七讲　什么是良好的法律

一、什么是良好的法律：法的价值包括哪些 / 70
　　（一）良好法律的判断标准 / 70
　　（二）良好法律的正义价值 / 71
　　（三）《窦娥冤》与《基督山伯爵》中的正义价值及其实现 / 72
二、什么是公正（正义）：法律中少数人与多数人的关系 / 74
　　（一）"公正"的词源 / 74
　　（二）公正价值的界定困境 / 74
　　（三）功利主义系统中的公正价值 / 75
　　（四）公正价值与公意 / 78
　　（五）原初立场与无知之幕 / 79
三、超越合理怀疑与无罪推定：《十二怒汉》中的程序正义 / 80
　　（一）《十二怒汉》中的正义审视 / 80
　　（二）正当程序的历史演变 / 82
　　（三）程序正义的价值蕴含 / 83
四、法的秩序价值：《卢旺达饭店》中的至暗时刻 / 84
　　（一）法的秩序价值的基本内涵 / 84
　　（二）"霍布斯问题"中的秩序价值 / 84
　　（三）《卢旺达饭店》中的无政府状态 / 86

第八讲　法律思维

一、法律思维与大众思维：苏格拉底之死与众人的权力 / 88
- （一）法律思维的本质是一种合法性与非法性的判断 / 88
- （二）法律思维的特点 / 90
- （三）法律思维和大众思维的区别：苏格拉底为什么会被判死刑 / 92

二、法律思维的要素：如何像律师一样思考法理学的本质 / 94
- （一）法律思维的要素：《悲惨世界》中的有罪与无罪 / 94
- （二）法律思维的运用：《我不是药神》中的守法困境 / 97

三、什么是法律中的事实：真相如何被反转 / 98
- （一）从电影《控方证人》看法律中的事实及真相反转 / 98
- （二）法律中的事实概念 / 100
- （三）法律中的事实反转案例 / 101

四、法律语言：庭审语言与辩论 / 102
- （一）语言与法律语言 / 102
- （二）法律语言的定义与特点 / 105
- （三）庭审语言及辩论技巧 / 106

第九讲　法律如何产生

一、复仇与法律的产生 / 109
- （一）复仇的起源与形式 / 110
- （二）中西方关于复仇的经典戏剧 / 111
- （三）复仇与法律的对立性 / 113
- （四）复仇与法律的关联性 / 114

二、看客的盛宴：人类酷刑与法律的关系 / 115
　　（一）人类酷刑的起源与典型方式 / 115
　　（二）酷刑的政治功能 / 115
　　（三）《檀香刑》中的看客心态 / 117
　　（四）法律对酷刑的禁止 / 119
三、中国古代法律的特点 / 120
　　（一）中国古代法律体系的特征 / 120
　　（二）中国古代司法实践 / 121
　　（三）中国古代法律对当代法治建设的启示 / 124
四、清末法制改革 / 125
　　（一）清末法制改革的历史背景 / 125
　　（二）清末法制改革的特点 / 125
　　（三）清末法制改革的主要内容 / 126
　　（四）清末法制改革的影响 / 126
　　（五）传统法律体系走向分崩离析：末代皇帝离婚案 / 127
五、为什么所有的社会进步都是从身份到契约的运动 / 128
　　（一）身份社会的特点：《唐顿庄园》中的遗产继承制 / 128
　　（二）契约社会是现代社会的基本特点 / 130
　　（三）从身份到契约的社会进步 / 131

第十讲　大陆法系与英美法系

一、逻辑理性与经验理性：大陆法系与英美法系的分野 / 133
　　（一）法系的概念与分类 / 133
　　（二）大陆法系与英美法系的特点 / 134
　　（三）两大法系的比较：《蝇王》中未成年人是否应当承担
　　　　刑事责任 / 135

二、大陆法系潘德克顿法典化的世界贡献：民法典如何形成 / 137

（一）潘德克顿法典化 / 137

（二）潘德克顿法典化对世界各国民法典的影响 / 137

（三）潘德克顿法典化的代表——《中华人民共和国民法典》
的形成 / 139

三、运行在历史与现实中的普通法 / 141

（一）普通法的历史 / 141

（二）普通法的经典判例 / 142

（三）普通法的现实意义 / 144

第十一讲 法律如何运行

一、法律如何被制定 / 148

（一）立法的概念与特点 / 148

（二）立法的历史发展 / 149

（三）立法的基本原则 / 149

（四）立法体制 / 150

（五）立法程序：以《中华人民共和国民法典》为例 / 150

二、法律如何被执行 / 152

（一）执法的概念 / 152

（二）执法的特点 / 152

（三）执法的原则 / 153

（四）《悲惨世界》中沙威的执法困境 / 157

三、为什么法院是法律帝国的"首都" / 158

（一）法院在法律体系中的地位 / 158

（二）法院的作用 / 159

（三）司法的原则 / 159

四、权力的眼睛：监狱、规训机制与法的运行 / 162

　　（一）监狱制度背后的权力运作 / 162

　　（二）监狱规训机制中的法律运行 / 163

五、正式规则与非正式规则 / 164

　　（一）正式规则与非正式规则的概念 / 164

　　（二）影视作品中正式规则与非正式规则的交锋 / 165

　　（三）正式规则与非正式规则的相互关系 / 168

第十二讲　法的未来是什么

一、真实与虚拟二元世界中的法律："笛卡尔时刻"对传统法律属性的挑战 / 170

　　（一）什么是"笛卡尔时刻" / 170

　　（二）"笛卡尔时刻"对传统法律属性的挑战 / 172

　　（三）"笛卡尔时刻"影响下法律创新的未来方向 / 172

二、虚拟世界对经典力学世界观的颠覆 / 173

　　（一）虚拟世界重塑世界观 / 173

　　（二）经典力学世界观及其与现存法律体系的契合性 / 174

　　（三）虚拟世界的兴起及其对经典力学世界观的颠覆 / 175

　　（四）虚拟世界与法理学未来的发展方向 / 175

三、《黑客帝国》对洞穴寓言的重申及"大他者"是否存在 / 176

　　（一）柏拉图的洞穴寓言意蕴 / 176

　　（二）《黑客帝国》对洞穴寓言的重申及法哲学启示 / 178

　　（三）《黑客帝国》中"大他者"的存在及现实意义 / 180

四、人工智能对人的主体性的侵蚀与挤压：AI 能不能成为法律关系的主体？ / 181

(一)电影《人工智能》引发法律关系主体的思考 / 181

(二)生成式人工智能技术的发展及其带来的法律问题 / 182

(三)人工智能是否应当拥有著作权 / 185

(四)生成式人工智能创作物是否应当受著作权法保护 / 186

五、元宇宙的法律难题与法律发展趋势 / 187

(一)元宇宙与法律的新挑战 / 187

(二)元宇宙带来的法律难题 / 188

(三)元宇宙背景下未来法律发展前景 / 190

第一讲　法学是什么

　　法者，天下之仪也。《贞观政要·公平》有言：法，国之权衡也，时之准绳也。法律是一个国家判断是非轻重的杆秤，亦是社会是非曲直的准绳。法者，治之端也；君子者，法之原也。

　　"法学"这一用语的拉丁文 Jurisprudentia 在公元前 3 世纪末罗马共和国时代就已经出现，该词表示有系统、有组织的法律知识、法律学问。古罗马法学家曾给"法学"下过一个经典性的定义："法学是关于神和人的事物的知识；是关于正义和非正义的科学。"[①]德文、法文、英文以及西班牙文等西语语种，都是在 Jurisprudentia 的基础上，发展出各自指称"法学"的词汇，并且其内容不断丰富，含义日渐深刻。英国法学家丹尼斯·劳埃德在《法理学》一书中写道："源源的法学文墨尽情流淌，致力于提供一个普世接受的法的定义。"[②]由此可见，"法学"是一个历史悠久的概念，不同时代的哲人和法律人都对法学有着自己的理解。

一、法学是什么

（一）古希腊神话故事中的法涵义

　　法学是什么？人类为什么需要法律？让我们从两千多年前古希腊一

[①]《学说汇纂（第一卷）：正义与法·人的身份与物的划分·执法官》，罗智敏译，纪蔚民校，中国政法大学出版社 2008 年版，第 15 页。
[②]丹尼斯·劳埃德：《法理学》，许章润译，法律出版社 2007 年版，第 25 页。

《帕里斯的审判》 [意]桑德罗·波提切利绘

个著名的故事谈起。如果要问世界历史上最著名的苹果是哪两个,相信大家首先会想到的是让牛顿发现万有引力的苹果。另一个就是帕里斯的金苹果。帕里斯的金苹果有什么故事呢?

故事发生在两千多年前的古希腊,据《荷马史诗》记载,这个故事是古希腊神话中非常著名的"帕里斯的裁判",它不仅是古希腊神话中的一个关键事件,也是导致特洛伊战争的直接原因之一。帕里斯是特洛伊的王子,他在山上牧羊时遇到了三位女神:赫拉,宙斯的妻子,婚姻与家庭的女神;雅典娜,智慧与战略的女神;以及阿芙洛狄忒,爱与美的女神。三位女神都希望被认定为最美丽的女神,并为此争执不下,最终请求宙斯作出裁决。宙斯不愿意介入这场纷争,于是将决定权交给了帕里斯。每位女神都试图贿赂帕里斯,承诺给他最想要的东西。赫拉承诺给他权力,雅典娜承诺给他智慧,而阿芙洛狄忒承诺给他最美丽的女人海伦的爱情。帕里斯最终被阿芙洛狄忒的承诺所吸引,将金苹果判给了她,这使得赫拉和雅典娜对他以及特洛伊怀恨在心。后来,帕里斯访问了希腊的斯巴达,被斯巴达王后海伦的美貌所吸引,并与她私奔回到特洛伊。海伦的丈夫——斯巴达国王墨涅拉俄斯是迈锡尼国王阿伽门农的弟弟。

作为迈锡尼国王,阿伽门农不仅是特洛伊战争的希腊联军统帅,也是坦塔罗斯家族诅咒的承载者。在战争前夕,为了平息狩猎女神阿尔忒弥斯的愤怒,他被迫牺牲了自己的女儿伊菲革涅亚,这一行为不仅预示了战争的残酷,也加深了家族的悲剧色彩。克吕泰涅斯特拉因女儿的牺牲对阿伽门农怀恨在心,

《克吕泰涅斯特拉》
[法]皮埃尔-纳西斯·盖兰绘
(图为克吕泰涅斯特拉谋杀阿伽门农)

并与情人埃吉斯托斯合谋杀害了他。阿伽门农的儿子俄瑞斯忒斯在经历了复杂的心理斗争后,为了给父亲复仇,杀死了自己的母亲和她的情人。这一行为使他遭受了复仇女神的追捕,陷入了深深的疯狂和痛苦。最终,在雅典娜的审判下,当时由十三位神组成的审判团以七比六的微弱多数认定其无罪,之后其不再受复仇女神的报复。俄瑞斯忒斯被判无罪,但这并不能抹去他心中的罪恶感和痛苦。

复仇女神认为阿伽门农的儿子有罪的理由是,杀有血缘关系的人是有罪的,杀母无论如何都是有罪的。而雅典娜等多数意见认为其有正当理由,应当无罪。法律的出现,可以说终结了无穷无尽的复仇这一局面,一切都必须服从法庭审判,法治取代了复仇。由此可见,法律一个重要的作用在于定分止争。这个故事的重要寓意在于,当复仇无穷无尽时,唯有法律可以终结复仇。

(二)中国古汉语中的法涵义

在两千年前的古罗马,所有能够叫做大学(university)的,都有三个学院:法学院、医学院、神学院。其中,医学医治人的身体的疾病,

神学医治人的心灵的疾病,而法学医治社会。

中国古代也产生了法,但法的含义与古罗马的法含义有一些区别。在古汉语中,汉字"法"的古体是这样写的:灋。据《说文解字》解释:"灋,刑也,平之如水,从水。廌(zhì),所以触不直者去之,从去。"① "灋"字由"水""廌""去"三部分构成。水,是指法律要公平公正,像水一样平。廌,是传说中古代的一种独角兽,生性正直,见到人们争斗时,会用角去顶应当受到制裁的"不直者"。

灋(fǎ),同"法"。
《玉篇·水部》:"法,法令也。灋,古文。"
《周礼·天官·大宰》:"以八灋治官府。"

在西文中,除英语中的 law 同汉语中的"法律"对应外,欧洲大陆的各民族语言中都用两个词把"法"和"法律"分别加以表达(比如拉丁语的 jus 和 lex,法语中的 droit 和 loi,德语中的 Recht 和 Gesetz,意大利语中的 diritto 和 legge,西班牙语中的 derecho 和 ley,等等)。西方的"法"除有"法"的含义外,还兼有"权利""公平""正义"的内涵;"法律"专门指人们制定的具体行为规则。二者的内涵和外延都有区别,所以哈耶克才会提出"法与立法的二元观"。而体现平等主体之间财产和人身关系的民法,是西方文化中"法"这个概念中自发产生的。中国古代的法主要表现为刑法,这一点在发生学意义上与西方的法有较大差异。虽有民法刑法的差异,但中国古汉语中强调法律如水那样公平,与

---

① 许慎:《说文解字》,中华书局 1985 年版,第 326 页。

西方文化中正义女神手持天秤,都反映了法律应当包含公平、公正的含义。

(三) 天平与神兽:正义女神与獬豸在法律象征中的双重奏

法律的出现终结了无穷无尽的复仇局面,一切都必须服从法庭审判,法治取代了复仇。法律具有定分止争的作用,是因为自财产私有制以来,人类社会就难免有纷争,法律的重要作用就在于纠纷解决。哲学家怀海德说:"人类为了表现自己而寻找符号。"人们创造法律,将其作为一种强有力的社会规范,不仅是维护正义,也体现了威权。

法律的作用,在中西方象征正义或法律的雕像中,都有形象生动的体现。

在古希腊神话里,主持正义和秩序的女神是忒弥斯。她是法律和正义的女神,在奥林匹斯山上协助宙斯,是宙斯最尊重、最信任的妻子,是秩序的创造者、守护者。在罗马帝国时代,罗马人接受了希腊的诸神,又重新创造出正义女神朱斯提提亚(Justitia),英语中的"justice"(正义)一词就是来自正义女神的名字。正义女神的标准形象为一蒙眼女性,身穿白袍,头戴金冠,左手提一秤,置膝上,右手举一剑,倚束棒。这一形象象征着法律的公正和中立,蒙眼表示司法不依赖于感官印象,而是依靠理智和法律。秤代表裁量公平,在正义面前人人皆得所值,不多不少;剑表示制裁严厉,绝不姑息。造像的背面往往刻有古罗马的法谚:"为了实现正义,哪怕天崩地裂。(Fiat justitia ruat

正义女神像

caelum.）"在西方法律文化中，正义女神的形象深入人心，她不仅代表着法律的公正和权威，也激励着法律人为实现正义而努力。正义女神的形象在许多国家的法院、法学院、律师事务所等法律专业机构中都能见到，是法律专业的象征。

中国古代法律的象征是獬豸，与西方的正义女神有着相似的象征意义。獬豸，又称"獬廌"，是中国传统文化中的神话生物，通常被

神兽獬豸

描绘为一种具有羊的身体和类似牛或鹿的角的动物，被视为司法公正的象征，因为它据说能够辨别是非，识别出不诚实的人，并用角触击他们。这种生物在古代法律和司法体系中具有重要的象征意义，常常被用来装饰法官的服饰和法庭的装饰，以提醒法官和官员们必须公正无私。獬豸的形象和故事在中国古代法律文化中的确占有重要地位，它是法律公正的象征，代表着司法"正大光明""清平公正""光明天下"的美好愿望。在现代，獬豸的形象仍然被用来象征法律的权威和司法的尊严。通过这样的文化象征，中国古代人民表达了对法律公正和司法正义的向往和追求。

中国古代圣贤对法的认知与期待是平等、正直，并蕴含着制裁不直者的意义，即法要体现"平""直""正"。在中国古代，"法""律""刑"三字通用，法主要是指刑法，如夏之禹刑、商之汤刑、周之吕刑。古代"法"字的创制，充分体现了中华民族早期的法律意识，蕴涵着古代圣贤对法的认知与期待，即在法律面前要平等，法要体现"平""直""正"。

把"法"和"律"连用,作为独立合成词——"法律",是近现代以来的用法。

二、法理学是什么

(一)法理学的本质:《罪与罚》中关于法是什么的探讨

法理学(Jurisprudence)一词是由两个词根构成的,即 Juris 和 prudence,前者的含义是正义,后者的含义是审慎和实践智慧。法理学的名称涵义是指关于正义的实践智慧。法理学是关于法律现象的最一般的理论,或者说是以法律现象的发展规律为研究对象的一门社会科学,包括研究法律现象的基础理论和方法论。

陀思妥耶夫斯基的《罪与罚》讲述了一个关于法律、犯罪与刑罚的经典故事,通过这个故事可以帮助我们理解法理学的本质。一个穷困潦倒的大学生拉斯柯尔尼科夫,因交不起学费而被迫辍学。有一天,他乘房东一人在家时,闯入室内,把她杀死。此时,房东的妹妹外出返回,拉斯柯尔尼科夫在慌乱中又杀死了她。之后,小说用大量篇幅描写了拉斯柯尔尼科夫杀人后的紧张、惊恐。在杀人之前,他其实有一套自己的理论,即"法律面前的人与人不平等"理论。拉斯柯尔尼科夫认为,人本来就分两类,平常人和不平常人,平常人必须俯首听命地活着,没有权利犯法,而那些改变人类命运的不平常人,如梭伦、拿破仑等人类的立法者,无一例外都是

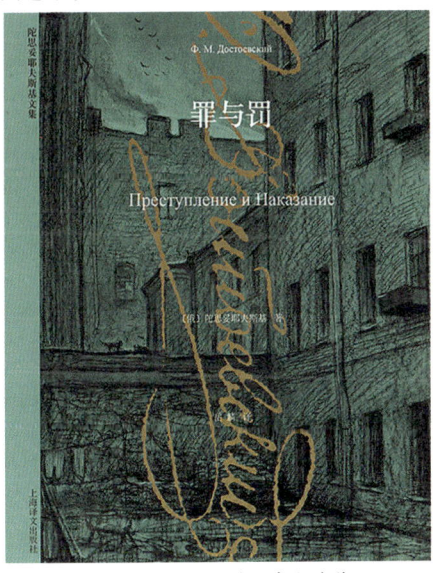

《罪与罚》(陀思妥耶夫斯基著,上海译文出版社出版)

罪犯，都杀过人，但只要他们真的对人类有贡献，他们杀人的行为不仅不是犯罪，甚至被人们视作英雄。他认为，人类中的这些恩人和立法者大部分都是特别令人胆寒的屠杀者。陀思妥耶夫斯基借拉斯柯尔尼科夫之口，探讨了一个法理学中恒久的命题：弱者和强者在法律面前真的平等吗？那些改变人类历史的强者，是不是在法律之上？或者说，法律是否就是强者的意志？《罪与罚》中还举了另一个例子：假如开普勒和牛顿的发现由于某些阴谋而不能为人们知晓，只有牺牲一个人、十个人、一百个人以至更多的生命才行，因为他们妨碍这些发现，或者在发现的路上成为障碍，那么牛顿就有权利，甚至有义务，消灭这十个人或者一百个人，以便让全人类知道他的发现。①拉斯柯尔尼科夫说的这番话，比尼采的"超人理论"还要早，也早于二战后才兴起的探讨多数人与少数人权利的法哲学、政治哲学话题半个多世纪。

法律的本质是什么？是没有任何正义内容约束的强者的意志，还是即使是强者也必须遵循的共同价值准则？关于法律本质问题的追问构成了法理学的基本问题，对此问题的回答也构成历史上不同的法学流派。美国学者博登海默认为："法理学的对象是非常广泛的，其中包括法律理论的哲学成分、社会成分、历史成分及分析成分。"②英国学者哈里斯认为："法理学是一袋杂七杂八的东西，关于法律的各种各样的一般思辨都可以投入这袋中。法律是干什么的？法律要实现什么？我们要重视法律吗？对法律如何改进？可以不要法律吗？我们应遵守法律吗？法律到底为谁服务？等等。这些就是一般法理学所包括的问题。"就制度层面言之，法理学是一门研究所有法律制度中的一般问题、原理、原则和

---

① 陀思妥耶夫斯基：《罪与罚》，朱海观、王汶译，人民文学出版社2016年版，第304页。
② 埃德加·博登海默：《法理学：法哲学及其方法》，邓正来、姬敬武译，华夏出版社1987年版，"1962年版序言"，第3页。

制度的学问。它是对每一法学学科中带有共同性、根本性的问题和原理作横断面的考察。

(二)法理学的研究对象与范围

法理学是法学的一个分支。先有法律,后有法学。[①]法理学是研究对象包括法律现象的基础理论和方法论,以及以法律现象的发展规律为研究对象的一门社会科学。法律现象涉及哲学、社会、历史和分析等多个成分,法理学作为一门广泛涉及法律现象的学科,旨在深入探究法律的本质和规律。法理学研究法律现象的发展规律,揭示法律的本质,探索法律与道德、政治、经济等因素的互动关系,以及法律在不同社会和文化环境中的实践和演变。

(三)法理学在法律实践中的运用

法理学作为法学的一般理论、基础理论和方法论,在法律实践中发挥着重要作用。在刑事案件的法律适用中,法理学扮演了重要角色。

以当年轰动一时的"母亲提头上访案"为例,法理学在刑事案件的法律适用中扮演了重要角色。1991年元月,为某金矿矿主出苦力的姚某强,因为被认为偷了黄金而被冤打致死。其母王某妞为了给儿子申冤,将儿子的头颅剁了下来,提头进京上访。母亲的这一行为完全符合《中华人民共和国刑法》第三百零二条的规定。这条盗窃、侮辱、故意毁坏尸体、尸骨、骨灰罪是指,盗窃、侮辱、故意毁坏尸体、尸骨、骨灰的,处三年以下有期徒刑、拘役或者管制。那么问题来了:这位母亲的行为是否构成侮辱、毁坏尸体、尸骨罪?如果按照《中华人民共和国刑法》条文的字面意思,这位母亲当然构成侮辱、毁坏尸体、尸骨罪。但任何有朴素正义感的人都会觉得,这样的处理结果似乎不能体现法律的正义。

案件的真实处理结果是这样的:母亲王某妞赴京告状成功。最终,

[①]《法理学》编写组:《法理学(第二版)》,人民出版社2021年版,第2页。

其子姚某强被殴打致死一案,法院经公开审理,作出了裁决:殴打姚某强的金矿主和另一名主犯,均被判处无期徒刑,剥夺政治权利终身。这样的判决彰显了法律的正义,给受害者及其家属一种莫大安慰,不法之徒被绳之以法,昭示了法律的力量。这位母亲也没有被追究辱尸罪的刑事责任。其没有被追究辱尸罪,就是法律原理在其中的重要作用。

这个案子的审判,充分体现了法律与正义、伦理的关系,体现了法理学作为基础理论对部门法和法律实践的支撑,也充分体现了法理学是关于正义的实践智慧之学。

法理学为研究法律制度、推动法学发展提供了方法论,为研究法律现象提供了基本方法。首先,当人们自觉运用一定的理论去思考、研究和解决问题时,理论实际上已经成为指导或规范研究活动的方法。同时,法学方法论本身又是法理学的重要研究内容。从宏观上讲,法学方法是认识法律现象的工具和手段;从微观上讲,法学方法是解决法律问题的方法和途径。法律现象错综复杂,不同的方法可能得出不同的结论,只有正确的方法论才能把人们引向正确的目标。①

三、洞穴奇案的法理思考

(一)法理学上著名的假想公案:洞穴奇案

洞穴奇案是法理学历史上著名的假想公案。最早由美国法理学家富勒以1842年美国诉霍尔姆斯案(U.S. v. Holmes)和1884年的女王诉杜德利与斯蒂芬案(Regina v. Dudley & Stephens)为素材构想发表。这两个案件都与救生艇有关,都是在海难之后发生了杀人和追诉。在霍尔姆斯案中,杀人是为了让严重超载的救生艇减轻负荷。在杜德利与斯蒂芬

---

① 《法理学》编写组:《法理学(第二版)》,人民出版社2021年版,第4页。

案中，杀人是为了给行将饿死的幸存者果腹。富勒在此基础上构想了一个洞穴奇案，案情是：五名探险者受困洞穴，由于山崩不断发生，加上洞穴地处偏远，无法在短期内获救，在利用携带电台与救援队医生确定所带食物无法维持到救援成功，且如果以其中一人为食可以获救的情况下，大家约定抽签吃掉其中一人，被抽签选中的是最初提出该建议，却在实施前反悔的威特莫尔。最后通过历时三十二天、牺牲十名营救队员的全力营救，分食威特莫尔的四人虽成功走出洞穴，却以杀人罪被起诉。对于案件中的谋杀罪名是否成立，富勒虚构上诉法庭五位大法官的意见，几个不同派别的法官展开激烈的争论。这就是20世纪美国法理学家富勒于1949年在《哈佛法学评论》上发表的假想公案，富勒还进一步虚构了最高法院上诉法庭五位大法官对此案的判决书，构成了当时几大法学流派对法的不同理解。

1998年，法学家萨伯延续了富勒的游戏，假设五十年后这个案子有机会翻案，另外九位大法官又针对这个案子各自发表了判决意见，这些判决意见，实际上反映了20世纪各个流派的法哲学思想。

（二）洞穴奇案中的法学观点

萨伯在《洞穴奇案》中，首先阐释了五种最主要的法学观点：

特鲁派尼法官认为，应当尊重法律条文，任何人故意剥夺了他人的生命都必须被判处死刑。

福斯特法官认为，应当探究立法精神，一个人可以违反法律的表面规定而不违反法律本身，任何实定法的规定，不论是包含在法令里还是在司法先例中，应该根据它显而易见的目的来合理解释。

唐丁法官认为，该案处于法律与道德的两难境地：如果饥饿不能成为盗窃食物的正当理由，怎么能成为杀人并以之为食物的正当理由呢？与此同时，当自己倾向于赞成有罪判决，自己又显得多么荒谬，这些将被处死的人是以四个英雄的生命为代价换得的。

基恩法官认为，应当维持法治传统：从立法至上原则引申出来的是法官有义务忠实适用法律条文。根据法律的平实含义来解释法律，不能参考个人的意愿或个人的正义观念。

汉迪法官认为，应当以常识来判断：这是一个涉及人类智慧在现实社会中如何实践的问题，与抽象的理论无关。

50年后，萨伯假设九位法官对该案进行重审，又呈现了九个延伸观点：

第一个是首席法官伯纳姆的观点，他主张撇开己见，认为对立法机关而言，法律和道德不可分离，对司法机关而言，法律和道德互相独立。立法机关禁止谋杀有其道德动机：它认为谋杀是错误的，因此禁止它。但是，人民不允许法官适用自己的道德观点。因此依照法律，被告有罪。

第二个是斯普林汉姆法官的观点，他认为法官应当有判案的酌情权，如果探险者们出于紧急避难而杀人，那么他们就没有犯罪意图，或者说没有在实质意义上故意杀了人，因此该判无罪。

第三个是塔利法官的观点，他赞同一命换多命，因为我们总倾向于更多的人而不是更少的人在悲剧性事故中存活下来，因此法律允许预防性杀人。

第四个是海伦法官的观点，他认为被困的探险者必须面临死亡：要么饿死，要么被处死，所以在当时探险者没有其他选择的情况下，基于紧急避险的杀人是正当的。

第五个是特朗派特法官的观点，他认为每个生命都是极其崇高和无限珍贵的，每个生命都具有平等的价值，任何的牺牲都必须是自愿的，否则就是侵犯了法律所确定的生命平等和神圣尊严。

第六个是戈德法官的观点，他认为我们依然相信遵守法律的义务并非建立在某种神秘的道德义务之上,也绝不是建立于主权者的某种神圣权力之上,而是建立在我们遵守它的承诺上面,尽管这种承诺可能是默示的。因此,违反法律就是违反我们认可的契约,是违法行为。

第七个是弗兰克法官的观点,他提出"设身处地"地思考:假如法官在惩罚一个不比自己坏的人,他应该辞职。如果惩罚被告的法官都是在惩罚不比自己坏的人,那无疑是法律的耻辱。因此,他支持无罪判决。

第八个是雷肯法官的观点,他认为"如果刑法的首要社会功能就是保护公民们免受犯罪所带来的某种特定种类的伤害,那对心理性免责事由的继续承认会加剧问题,而不会有助于问题之解决"。因此,他支持有罪判决。

第九个是邦德法官的观点,他认为"案件疑难意味着法律帮不上忙,欠缺法律规定意味着自由裁量权无可避免,自由裁量权意味着超乎法律之外的道德标准必须纳入案件解决的过程中",因此,他选择回避案件。

(三)洞穴奇案的启示

洞穴奇案反映了法律与道德的两难困境,即法律条文与道德观念的冲突。同时,对这则案例的讨论也反映出法学的基本特点:理由重于结果,或者说,法学中的说理是非常重要的部分,理由与结果同等重要。盘桓至今的伦理困境,两代法官的不懈追问,再加入一代代法律人的思辨和探索,尽管每一次思维高度的攀升都必须面临思想张力和价值抉择的严酷,但如此,法哲学的长河才奔流不息。就此意义而言,洞穴之案,也许永远无法达成统一意见,但是人类对正义的孜孜探索将永不止步。

四、关于法学是什么的小结

第一,研究法律的学问就是法学,也叫法律科学(Science of Law),是研究法、法的现象以及与法相关问题的专门学问,是关于法律问题的知识和理论体系。因为人类进入社会状态后就产生了法律,因此,"法学"是一门历史悠久的古老学科。

第二,中国古代也产生了法,中国古代的法主要是刑法。中国古汉语中强调法律应当如水那样公平,与西方文化中正义女神手持天秤,都反映了法律应当包含公平、公正的含义。

第三,法理学是法学的一般理论,是法学的基础理论,也是法学的方法论。通过洞穴奇案,我们很容易理解几大法学流派的观点;同时,对这则案例的讨论也反映出法学的基本特点:理由重于结果,或者说,法学中的说理是非常重要的部分,理由与结果同等重要。法理学的学习就是一个不断探求理由与说理的过程。

第二讲　法学领域的人类群星闪耀时

法是什么，是一个贯穿整个人类社会的根本追问。正如英国法学家哈特所说："在与人类社会有关的问题中，没有几个像'什么是法律'这个问题一样，如此反反复复地被提出来并且由严肃的思想家们用形形色色的、奇特的甚至反论的方式予以回答。"

正如古老的罗马格言"哪里有社会，哪里便有法"（Ubi societas, ibi ius），人类社会产生以来，就出现了对法是什么的追问和回答。

这些追问和回答，是人类思想文明的精华，构成了人类群星闪耀时的璀璨星空，让今天的我们得以从中回望和吸取养分。

一、西方历史上关于法是什么的追问

（一）古希腊轴心时期的法定义

在西方，早在柏拉图和亚里士多德之前的几百年里，古希腊的哲学家就发现人世间的法律是有其更高的根据的。米利都学派的阿那克西曼德认为，世间之物皆有其原因，它们之所以变化，是命运，也就是必然性使其然，"万物所由之而生的东西，万物消灭后复归于它，这是命运规定了的，因为万物按照时间的秩序，为它们彼此间的不正义而互相修补"。"不能逾越永恒固定的界限"，阿那克西曼德强调，一切事物都有其必然，在宇宙中占有特定的地位，不可逾越，否则就会有一种至高无上的力量——正义予以纠正。这种观念为"自然法"的出现在哲学上做了铺垫，被誉为"西方最古老的法律思想"。

一个世纪之后,赫拉克利特终于指出:"人类的一切法律都因那唯一的神的法律而存在。神的法律从心所欲地支配着,满足一切,也超过一切。"这里的"神的法律"就是必然的、客观的"逻各斯"(logos)或自然法,它是万法的根源和依据。

古希腊哲学思想经过几百年的积累,终于迎来了历史轴心时期的大爆发。

历史轴心时期,是德国哲学家雅斯贝尔斯在《历史的起源与目标》中提出来的概念,指的是公元前5世纪左右,西方出现了苏格拉底、柏拉图、亚里士多德等影响整个西方文明的哲人,东方出现了老子、孔子等百家争鸣的现象,古印度的先知佛陀也诞生于这个时期。这个时期在人类历史上不约而同出现了大批闪耀着智慧光芒的先知和哲人,他们提出的理论和思想,决定了人类文明后来发展的基本形态,因此,每当人类精神匮乏之时,总会回望历史轴心时期以吸取养分。

西方历史轴心时期的法概念,

赫拉克利特(约公元前544—公元前483),古希腊哲学家

苏格拉底(约公元前469—公元前399),古希腊哲学家

第二讲　法学领域的人类群星闪耀时

与之关系最为重要的人物当属苏格拉底、柏拉图与亚里士多德,他们之间也有着西方历史上最重要的师生关系。

苏格拉底是古希腊著名的哲学家,但他与孔子一样,是一位述而不著的哲人。他经常说的一句话就是:"我唯一知道的就是我一无所知。"尽管德尔菲神庙的神谕说苏格拉底是全古希腊最聪明的人。在法学领域,天赋自然法的理论,是苏格拉底的首创,并为后世许多思想家所继承和发展。

柏拉图在其老师苏格拉底的哲学基础上,构筑了自己的理念论哲学体系。柏拉图指出:"凡是若干个体有着一个共同的名字的,它们就有着一个共同的'理念'或'形式'。"实存的万物,皆是理念的影子或摹本。于是,世间存在的法律都有一个共同的理念,那就是自然法,一种恒定不变的最高准则。柏拉图在《理想国》里,探讨了关于正义的不同观点,进而扩展到正义的城邦应当具有的基本品格。柏拉图认为,正义的城邦,应当是由最理智的人来统帅其他人,这样的城邦就是和谐的、正义的。① 所以,柏拉图推崇哲学王的统治。他在《政治哲学》里还有一个经典的比喻——洞穴喻:大部分人所看到的世界都是洞穴里的影子,只有少数真正的智者,才能走出封闭的洞穴的,能看透事物的理念,能真正认识和掌握自然

柏拉图(公元前 427—公元前 347),古希腊哲学家

---

① 柏拉图:《理想国》,郭斌和、张竹明译,商务印书馆 1986 年版,第 314 页。

法,这样的人应当成为统治者。①

到亚里士多德时,自然法学说达到了第一个历史高峰。亚里士多德将柏拉图的理念与自然概念真正联系起来,第一次提出了较明确的自然法和实证法的定义,而且,他对正义做了系统的研究。在亚里士多德的观念中,法是与正义同名的,而正义乃是最高的善的具体表现,因而法是自然的,合乎公道而朝向善的。当现实中人们制定的法律与正义不相符合时,就应当依公道对其进行修改。也就是说,立法者所创造的法律,必须以一种更高的东西——正义、美德或自然法——为标准和依据。②亚里士多德在《理想国》中有这样一段论述:"城邦以正义为基础。由正义衍生的礼法,可凭此判断(人间的)是非曲直。"③当然,在法治与人治的争议上,亚里士多德与他的老师柏拉图的观点不同,亚里士多德认为法治比人治优越,因为法律代表理性、正义、不偏私、公正。

之后的斯多葛学派坚信自然法是普遍的理性,它适用于一切人类。

(二)古罗马的法律思想

古罗马的法律思想实际上是古希腊法律思想的继续,其直接的思想渊源是斯多葛学派的自然法思想。对此,西塞罗做了完美的表述:"自

亚里士多德(公元前384—公元前322),古希腊哲学家

---

① 马尔科姆·斯科菲尔德:《柏拉图:政治哲学》,柳孟盛译,华夏出版社2017年版,第31页。
② 柏拉图:《柏拉图全集(第3卷)》,王晓朝译,人民出版社2003年版,第478页。
③ 柏拉图:《理想国》,郭斌和、张竹明译,商务印书馆1986年版,第58页。

然法并不是人心制造出来的东西，并不是各个民族制定出来的一种任意的规定，而是那个支配宇宙的永恒理性的印记……这是亘古不易之法，而不是仅仅存在于写下来的那一霎间的法。"① "真正的法律，乃是与大自然相符合的真理；它是普遍适用的，不变而永存……在罗马和雅典不会有不同的两套法律，在现实与未来亦复如是。一种永恒不变的法律将适用一切民族与一切时代，在我们之上也将只有一位主人与统治者，那就是上帝，因为它乃是这法律的创造者、颁布者与执行者的法官。"

西塞罗（公元前106—公元前43），古罗马哲学家、法学家

当西塞罗用自然法来反对当时的奴隶制时，自然法作为一种标准，第一次被用来评判和批判现实的政治生活。西塞罗阐述的自然法观念，表达了西方自然法思想的基本含义，也为近代格劳秀斯、霍布斯、洛克等思想家所继承。

（三）欧洲中世纪的法哲学

到了中世纪，整个欧洲在思想领域被天主教统领，罗素将整个中世纪的西方哲学称为"天主教哲学"。像其他科学和思想的分支一样，法哲学也为教会和教义所支配。但古代的传统并没有因此丢失，只是为教徒们按神学教义做了修正。

中世纪著名的法学家、哲学家奥古斯丁将法律分为三类：永恒法、

---

① 西塞罗：《论共和国 论法律》，王焕生译，中国政法大学出版社1997年版，第187页。

自然法和世俗法。永恒法是上帝精神的体现，至高无上；自然法是永恒法在人的意识中的复现（自然之光），如同蜡纸是对印章的复现；在尘世间，是人定的世俗法统治。在彼此之间的关系上，永恒法乃是世俗法的依据和参照，后者不得与其冲突。①

托马斯·阿奎那则将亚里士多德的理论与基督教相结合，认为整个宇宙是由神、理性和政治权威三重秩序组成，将法律划分为四类：一为永恒法，即由永恒不变的神所直接规定的；二为自然法，反映神和人的关系，是永恒法对人类世界的具体适用；三为人定法，即国家制定的法律；四为神祇法，即《圣经》。同时，他将自然法从"灵魂主观法律"变成"客观第一戒规"，使之重新进入客观的范畴。②

（四）启蒙时代关于法的追问与探讨

进入14世纪后，欧洲社会产生了巨大变化，基督教神学日渐衰落。在法学领域，自然法理论因其特有的禀性而为资产阶级思想家所继承。不过，自然法的渊源与根据发生了变化，不再是上帝，而是人的理性，人凭借其理性可以认识和推导出这种正确的规则。在这期间，涌现出了格劳秀斯、霍布斯、斯宾诺莎、洛克、孟德斯鸠、卢梭等一大批杰出人物。他们的思想各有特点，但又共享一些基本观念：他们都主张法学与神学的分离，都承认"自然状态""自然法""自然权利"的存在和必要性，并认为自然法源于人自身的理性；他们继承了自然法与人定法两分的二元论立场，并且认为人定法合乎自然法乃是一个基本的政治要求。

可见，认为法的本质与客观世界的规律或人的理性、公平、正义的价值相联系，认为自然法统帅人定法，是西方从古希腊一直到启蒙时代及近现代以来的悠久传统。

---

① 奥古斯丁：《论自由意志》，成官泯译，上海人民出版社2010年版，第87—90页。
② 托马斯·阿奎那：《阿奎那政治著作选》，马清槐译，商务印书馆2009年版，第112页。

（五）西方历史上其他学派对法的追问

除了自然法学派为主线的西方历史上关于法是什么的追问，思想家们对法的定义还有哪些呢？这个问题之所以有那么多的回答，就是因为与法是什么相类似的问题如时间是什么，或世界的本原是什么这种关于本质的追问。

奥古斯丁对时间的追问也可以放到法是什么的追问中：

时间是什么？
如果无人问我则我知道，
如果我欲对发问者说明则我不知道。①

就连康德，在《纯粹理性批判》中还在说着：法学者们还在为法下定义。

是的，除了源自古希腊的自然法传统之外，关于法律本体论依据的探讨，在西方法学界还存在着其他理论流派。其中具有代表性的有以康德、黑格尔为代表的哲理法学派，以萨维尼为代表的历史法学派，以奥斯丁为代表的实证分析法学派，等等。

以康德、黑格尔为代表的哲理法学派，从总体上说，就像马克思

康德（1724—1804），
德国古典哲学家、法学家

---

① 奥古斯丁：《奥古斯丁忏悔录》，向云常译，华文出版社2003年版，第41—42页。

所概括的，是"法国革命的德国理论"①。康德法哲学的直接渊源，是卢梭学说中的自由主义成分。我们知道，康德在日常生活中也是一个典型的哲学家，不仅终身未婚，每天的作息非常规律，邻居们都以康德每天出门散步的时间来对表。有一次，康德忘了出门散步，邻居以为表坏了，结果是因为康德看卢梭的《爱弥儿》入了迷，忘了时间。康德在《法的形而上学原理——权利的科学》中，对法下了这样的定义："法是能使多个人的意志依据自由的普遍原则与他人意志相协调的条件之总和。"康德在这个定义里强调了两点：一是法是表现和实现自由的普遍法则，即道德的绝对命令的外部条件的总和；二是这些条件的目的在于要协调全体公民的自由意志，以此来支配或强制每个人的行为。也就是说，法律以维护自由之和谐为己任，而自由原则决定了法律的基本状态。②

黑格尔的法律思想主要集中在《法哲学原理》一书中。他将法哲学视作哲学的一个部门，"以法的理念，即法的概念及其现实化为对象"。他将法和法律严格区分开来，法是法律的理念，法律是法的定在。"法首先以实定法的形式而达到定在，然后作为适用而在内容方面也成为定在"，而"法律是自在地是法的东西而被设定在它的客观定在

黑格尔（1770—1831），德国哲学家

---

① 马克思：《致亨利希·马克思（1837年11月10—11日于柏林）》，载《马克思恩格斯全集》第47卷，人民出版社2004年版，第12—13页。
② 康德：《法的形而上学原理：权利的科学》，沈叔平译，商务印书馆1991年版，第40页。

中",那么法又是从何而来的呢?它来自自由意志。"法的基地一般说来是精神的东西,它的确定的地位和出发点是意志。意志是自由的,所以自由就构成法的实体和规定性。"① 黑格尔将法律和法最终导向了他的第一实体——自由意志。三者之间具有"自由(意志)→法→法律"这样的决定关系。

历史法学派的代表人物萨维尼在探寻法律的决定性因素时,不是到抽象的哲学世界里进行形而上的思辨,而是回归到具体历史环境下的民族生活中去。在反对制定"民法典"的论争中,萨维尼指出,法律决不是自以为是的立法者仅凭激情和自信就可以制定出来的,不是立法者,而是民族的历史所凝聚和沉淀的这个民族的内在信念与外在行为方式,决定着法律的形式与内容。② 萨维尼认为,法的本质需要去民族的共同意识之中和真实的民族历史生活之中才能寻找。"法律

萨维尼(1779—1861),德国法学家

奥斯丁(1790—1859),英国法学家

---

① 黑格尔:《法哲学原理》,范扬、张企泰译,商务印书馆 2016 年版,第 1 页、第 16 页。
② 萨维尼:《论立法与法学的当代使命》,许章润译,中国法制出版社 2001 年版,第 7—9 页。

精神，一如民族的性格和情感，涵蕴并存在于历史之中，其必经由历史，才能发现，也只有经由历史，才能保存和扩大。"[1]

在法哲学的追问历史中，真正对自然法学派产生最实质影响或挑战的当属实证分析法学派。19世纪的分析法学家约翰·奥斯丁给法下了一个著名的定义："我们所说的准确意义上的法，是一种命令。"作为一套规则，法律是由特定的主权者对其统治下的人们制定的，具有命令、义务、制裁三位一体的特征。奥斯丁将立法者制定的实证法与一切非准确意义上的法（包括神法、社会道德及隐喻意义上的法）区别开来。对法律的如此界定，澄清了法学界许多长期有争议的话题，也促成了法学从其他学科中的剥离，逐步确立了法学的独立、自足和自主地位，事实上也为实证分析法学划定了研究对象和研究领域。实证分析法学的基本立场是：法律是由主权者或立法者制定的一套规范，它与伦理道德等价值性规范没有必然的联系。

另一位著名的实证分析法学派代表哈特则从规则的角度对法下定义。哈特认为，作为社会控制的一种手段，法是一种规则，分为主要规则和次要规则。主要规则是设定义务的规则，即要求人们从事或不从事某种行为；次要规则是授予权力的规则。主要规则和次要规则的结合，是法律制度的核心，是法学的关键。[2]在法与道德的关系上，哈特坚持奥斯丁和其他实证分析主义法学家的基本观点，认为应分清法与道德，分清"实际上是这样的法"和"应当是这样的法"。他虽然承认道德对法有影响，法往往反映或符合一定道德要求，但坚持认为法与道德之间不存在必然联系。他认为法与道德的关系，可以说是实在法和自然法的关系。

---

[1] 萨维尼：《论立法与法学的当代使命》，许章润译，中国法制出版社2001年版，第7—9页。
[2] 哈特：《法律的概念》，张文显、郑成良、杜景义等译，中国大百科全书出版社1996年版，第93—99页。

而实证分析法学派,将法的外延和范畴重点锁定在实在法上面,使法学与哲学在研究对象上严格区别开来。

二、中国历史上关于法是什么的追问

(一)中国历史上的法概念

与西方法学关于法的本质一直存在追问不同,中国历史上关于法本质的探讨比较少。整体而言,儒家的宗族本位的宗法群体观念,是几千年中国法律的根本指导思想。孔子、孟子的名篇中很少谈及法,更多是谈兄友弟恭、仁者爱人、齐家治国平天下。

法在古汉语中,与刑同义,更多指刑法。法在社会治理中的地位也在德之后,所谓"德主刑辅"。

在概念用词上,广大群众为摆脱当权者的压迫和维护自身利益去追求的理想法,就是百姓口中的"王法",在西方则被大多数人承认的"自然法"。中国人的"王法"观念,在儒家经典里有过多种表述:《论语》中讲,天子(君主)可以"一言而兴邦""一言而丧邦";《孟子》中讲,"一正君而国定矣"。后来流传的君主"口含天宪""言出法随",都表明了一种君主的话是"金科玉律"。因此,在中国传统文化中更多会产生"法自王出",而不是"王在法下"的观念。[①]

(二)历史上的法家与法

在中国历史上,有一个思想流派蓬勃发展的时期,即百家争鸣时期。当时的法家号称以法作为重要研究对象和学术标志。需要注意的是,法家的法也与现代的法有很大差别。法家对法的理解,更多是对百姓的管理工具,所谓"法者,编著之图籍,设之于官府,而布之于百姓者也"。[②]

---

① 吕世伦:《西方法律思想史论》,商务印书馆2006年版,第307页。
② 参见《韩非子·难三》。

这也是法家主张无限地扩大国家权力而缩小人民的利益,最终导致采用法家思想的秦朝二世即亡的重要原因。当然,法家强调的"法布于众""不别亲疏,不殊贵贱,一断于法"等,均有积极意义。

三、马克思主义关于法概念的理解

(一)法与社会的关系

马克思研究法律的出发点是法的现象必须以社会为基础。他明确指出:"社会不是以法律为基础的,那是法学家们的幻想。相反地,法律应该以社会为基础。"① 那么,面对社会这样一个含混抽象的概念,具体的研究又应该如何切入呢?马克思指出:"法的关系正像国家的形式一样,既不能从它们本身来理解,也不能从所谓人类精神的一般发展来理解,相反,它们根源于物质的生活关系,这种物质的生活关系的总和,黑格尔按照18世纪的英国人和法国人的先例,称之为'市民社会',而对市民社会的解剖应该到政治经济学中去寻求。"② 法权关系就是一种反映经济关系的意志关系。这就是马克思对于法律本体论的阐述。

(二)马克思主义指导下的法概念

把法的本质首先归结为统治阶级的意志,触及了法的本质。但如果认识停止于此,仍摆脱不了唯心主义。要彻底认识法的本质,认识法产生和发展的规律,还必须深入到那些决定着统治阶级意志或人民意志的社会物质生活条件之中。③ 社会物质生活条件使人们产生了法律需要,同时又决定着法的本质和发展。在法的意志性与社会物质生活条件制约性

---

① 中共中央马克思恩格斯列宁斯大林著作编译局:《马克思恩格斯全集(第6卷)》,人民出版社1961年版,第291—292页。
② 中共中央马克思恩格斯列宁斯大林著作编译局:《马克思恩格斯文集(第2卷)》,人民出版社2009年版,第591页。
③ 《法理学》编写组:《法理学(第二版)》,人民出版社2021年版,第40页。

的关系上，马克思主义法学认为，法律是统治阶级意志的体现，而统治阶级的意志归根结底又是由其所处的社会物质生活条件所决定的，统治阶级意志是伴随社会物质生活条件变化而变化的，因此法律也随之变化。

四、关于法是什么的追问的小结

我们对人类历史上关于法是什么的追问做个简单小结：

第一，历史上绝大多数时期里，法哲学从属于哲学，且对法律本体论的研究以哲学的模式展开。直至萨维尼与奥斯丁的理论才使法学具有独立性。如德莱尔所言："从柏拉图、亚里士多德到康德、黑格尔的传统法哲学是普通哲学的基本组成部分，在根本上是一个非法学学科。"

第二，在历史上西方法学主流思想是自然法思想，与自然法思想相对的是法律实证主义，或实证分析法学派。

第三，中西方历史上对法的追问、理解有较大的差别，中国古代更多将法作为纯粹工具和手段理解，与刑法同义，更多是作为对百姓的管理手段。保护公民权利等民法观点到近现代才慢慢普及。

第四，历史上的思想家对法的界定有多个角度，一直有不同的新观点出现，直到现在，各种学派对法的界定还在争论之中。马克思以"生产力决定生产关系、经济基础决定上层建筑"这一原理作为法学的理论和方法论基础，以马克思主义哲学作为指导思想，也是我国对法概念采用的界定角度。

第三讲　法的形式理性与实质理性

历史上关于法是什么的追问贯穿整个人类历史的发展时期，其中自然法学派从法的实质去回答法是什么，因此他们会得出法与正义、公平、权利等自然法等同的结论；而实证分析法学派更多是从法的形式去探讨法是什么，并主张只有在程序上、在形式上是有权机关制定的规则才能是法。

随着法理学研究的逐渐深入，法学家们对法律系统和法律功能有了深入思考，开始关注法律的结构和过程以及法律的实际效果和目的，这就是法律的形式理性和实质理性。形式理性与实质理性是马克斯·韦伯在划分法律思想类型时提出的概念，其认为法律的发展经历了不同的阶段，具有不同的表现形式，而形式化、理性化则是现代法律的根本特征，并且只有这种坚持形式理性的法律才能适应并促进市场经济的发展。[①]

一、法的形式理性：为什么辛普森会被判无罪

（一）"世纪审判"辛普森案：法律的程序价值

1994年，前美式橄榄球运动员O.J.辛普森杀妻案成为当时美国最为轰动的事件。辛普森的前妻妮可·布朗和妮可的男友罗纳德·高曼被发现死在妮可家中，两人浑身血痕，而且是被利器割断喉咙而死。警方在现场检验获得的血迹，以及在妮可前夫辛普森家中获得的血迹等证据均

[①] 马克斯·韦伯：《法律社会学：非正当性的支配》，康乐、简惠美译，广西师范大学出版社2011年版，第29页。

第三讲 法的形式理性与实质理性

表明：所有疑点都聚集在辛普森一人身上。凶杀现场发现两处辛普森的血迹；现场提取的毛发与辛普森的头发相同；警方在现场和辛普森住宅发现的血手套是同一副，两只手套上都有被害人和被告人的血迹；在辛普森住宅门前小道、二楼卧室的袜子和白色野马车中都发现了辛普森和被害人的血迹。

检方证据堪称"血证如山"，但该案在审理过程中一波三折，辛普森聘请了当时最豪华的律师团队为自己辩护，寻找警方在获取证据中的缺陷。结果发现，警方在获取证据中确实存在很大的程序问题：作为主要支撑依据的血迹证据可能存在污染、现场血迹中发现了螯合剂证明现场血迹存在被栽赃可能、主要证据发现者福尔曼警官有严重种族歧视倾向、福尔曼警官携带血样返回现场、警方涉嫌非法搜查等。

例如全案中最为重要的证据之一是血袜子。袜子上的血迹非常奇怪。辩方律师指出，这只袜子两边的血迹竟然完全相同。根据常识，假如袜子当时被穿在脚上，那么袜子左边外侧的血迹绝不可能先浸透到左边内侧，然后再穿过脚踝浸透到右边内侧。只有当血迹从袜子左边直接浸透到右边时，两边的血迹才会一模一样。血迹很有可能是被人涂抹上去的。在庭审时，检方出示了几张发现血袜子的现场照片，可是照片上的时间顺序却自相矛盾。案发之日下午4点13分拍照的现场照片上没有这只血袜子，可是4点35分拍的照片却出现了血袜子。那么，血袜子究竟是原来就在地毯上，还是后来被警方移放到地毯上？对此问题，警方的答复前后冲突。

1995年6月，辛普森在庭审现场试戴物证手套

这一系列程序问题直接动摇了陪审团认定辛普森是否杀人这一实体问题。1995年10月3日，陪审团裁决结果：辛普森无罪。随后，辛普森前妻布朗和高曼的家人都提起民事诉讼，要求辛普森支付民事赔偿并得到支持。

辛普森的无罪判决体现出法院对程序公正和确凿证据的重视程度超过了寻求案情真相和让罪犯受审判。该案呈现了法律非常重要的形式理性之一，即法的程序性。法的程序性要求所有国家权力必须遵守正当程序的要求，否则可能无效。

（二）法的形式理性的内涵

法的形式理性指法律体系中规则和制度内部一致性和理性化特征。这一概念主要涉及法律规则的形式化、系统化和合理化过程，以确保法律在理论和实践中的稳定性和可预期性。其中，法的程序性是法的形式理性的应有之义，强调法律实施和执行的程序规范，确保法律过程的公平、透明和一致性，旨在保障法律实施的公正性和效率。

法治的实现，要求贯彻法律的形式理性。具体而言，法的形式理性包括：法的规范性、法的国家意志性、法的国家强制性、法的普遍性、法的程序性和法的可诉性。

第一，法的规范性。法律作为一种社会规范，通过规定人们的权利和义务来调整社会关系。这种规范性使得法律成为社会秩序的守护者，保障了社会的稳定和有序发展。

第二，法的国家意志性和国家强制性。这表明法是国家统治阶级的意志，并用国家强制力保障实施。这意味着法律并不是某个人或者某个团体的意志，而是代表了整个国家的意志和利益。

第三，法的普遍性。这表明法是普遍适用的。在一国主权范围内，法具有普遍效力，法律面前人人平等。

第四，法的程序性。这是现代的法非常重要的特点，也是辛普森案中体现的重要原则。国家权力在运行过程中需要遵守正当程序原则。正当程序是现代法的形式理性的重要内容，其核心作用是防止"苛政猛于虎"，注重保障公民权利和遵循正当程序。美国最高法院的大法官道格拉斯曾指出："权利法案的绝大部分条款都与程序有关，这绝非毫无意义。正是程序决定了法治与随心所欲或反复无常的人治之间的大部分差异。坚定地遵守严格的法律程序，是我们赖以实现法律面前人人平等的主要保证。"

第五，法的可诉性。这是指法律作为一种规范人们外部行为的规则，当法律规定的权利被侵犯或滥用，义务被违反时，可以被任何人在法律规定的机构中通过争议解决程序加以运用的可能性。正如德国法学家坎特罗维奇所说："法律是规范外部行为并可被法院适用于具体程序的社会规则的总和。"

法的形式理性关注的是法律对人与人之间形成的社会关系所产生的影响，特别是国家权力的运行和国家意志的实现。美国最高法院大法官霍姆斯认为："罪犯逃脱法网与政府的卑鄙非法行为相比，罪孽要小得多。"在霍姆斯看来，政府权力和司法腐败对国家和社会造成的整体危害，远远超过了普通犯罪分子。因此，现代法治更注重对政府权力予以程序性约束和制衡，这也是法的形式理性中法的程序性的重要特点。

二、法的实质理性：纽伦堡审判与拉德布鲁赫公式

（一）纽伦堡审判：法律的合法性危机

守法是一个古老的命题。"苏格拉底之死"是人类文明史上最早关于守法的思考，它反映的是一个公民坚持服从法律而不论法律是什么的故事。这个命题也一直延续至今天：如果法具备所有的程序、制定主体等形式要件，是否就必须得到遵守和执行呢？

18—19世纪是西方社会理性观念张扬的时期，实证主义的兴盛逐渐

改变了先验、演绎的传统自然法思维模式。实证法学派认为只有实证法才是法律,即在绝大多数情况下,只要法律是经过有权机关按照法定程序制定颁布的,就具有法律效力,应当遵守和执行。但历史上也有一些极为特殊的情况,法律的整体性出现了合法性危机,其涉及法的实质理性。

这个极为特殊的历史情况就是纳粹德国时期。以希特勒为首的纳粹党在德国上台后,制定了一系列种族歧视和屠杀、消灭犹太人的政策、法律,造成了六百万犹太人被杀害。第二次世界大战临近结束时,如何处理罪孽深重的纳粹分子的问题在战胜国内部引起激烈争论,有人主张活埋,有人主张不经审判就处决,最后主张进行公开、公平、公正审判的观点获得了胜利。美国联邦最高法院大法官罗伯特·杰克逊当时坚持:"如果你们认为在战胜者未经审判的情况下可以任意处死一个人的话,那么,法庭和审判就没有存在的必要,人们将对法律丧失信仰和尊重,因为法庭建立的目的原本就是要让人服罪。"由此,历史上第一个国际军事法庭也随之诞生。

第二次世界大战胜利后,在 1945 年 11 月 21 日至 1946 年 10 月 1 日间,由战胜国对欧洲轴心国的军事、政治和经济领袖进行数十次军事审判。由于审判主要在德国纽伦堡进行,故总称为纽伦堡审判。在这场审判中

纽伦堡审判中的被告在法庭上就座

第三讲 法的形式理性与实质理性

的被告共计22名，均为纳粹德国的军政首领。但这场审判没有人们预想得那么顺利，纳粹德国的军政首领在戈林的带领下，拒绝认罪。戈林在法庭上提出了一个让法官和检察官头疼不已的问题："我没有罪。""我所有的行为都符合《纽伦堡法令》，符合纳粹德国的法律。""你们说我究竟违反了哪一条法律？"

戈林的辩解让审判一度陷入僵局。因为希特勒为首的纳粹党屠杀犹太人不像其他的极权者，他们非常重视法律的作用。所有的限制和驱逐、屠杀犹太人的行为，都有法律的授权，并且，这些法律完全按照程序由议会通过民主的方式表决通过。1935年，纳粹德国议会通过了《纽伦堡法令》，这一法律规定了从法律上如何界定一个人为犹太人：犹太人的界定基于祖父母的宗教信仰和血统。同时进一步规定，凡是界定为犹太人的，不享有《德国民法典》规定的民事主体资格。这样，纳粹德国从法律上为消灭犹太人扫除了障碍，也使得戈林在内的纳粹军官，认为屠杀犹太人根本不是杀人，因为《纽伦堡法令》已经规定了犹太人不是人。戈林不止一次说过："杀死他们就像捏死一个臭虫。"

这样的法律设定为纽伦堡审判带来了空前的法律难题。从法的形式理性来看，纳粹德国的法律符合法的形式理性要求：由有权机关制定、

纳粹德国的军政首领赫尔曼·戈林在纽伦堡法庭上

通过民主程序表决、依法公布、普遍执行、体现国家意志、由国家强制力保障实施等。戈林等纳粹军官屠杀犹太人的行为，确实是遵守当时有效的德国法律的行为。如果按照这样的逻辑，戈林等战犯都无法定罪，纽伦堡审判陷入了僵局。

（二）拉德布鲁赫公式：恶法非法

在这个特定的历史背景下，德国法学家拉德布鲁赫关注到法律与正义之间的关系，以及法律在极端情况下的适用性。拉德布鲁赫在《法律的不法与超法律的法》这篇文章中，系统提出了如何判断什么是法，以及如何判断什么情形下法律已经达到了"不是法律"的程度。这就是著名的"拉德布鲁赫公式"：

首先，所有的实在法都应当体现法的安定性，不能够随意否定其效力；

其次，除了法的安定性之外，实在法还应当体现目的性和正义；

最后，从正义角度看，若实在法违反正义达到不能容忍的程度，它就失去了其之所以为法的"法性"，甚至可以看作是非法的法律。[①]

纽伦堡审判采纳了拉德布鲁赫公式，认为纳粹德国的法律确实违反正义达到不能容忍的程度，已经失去了其之所以为法的"法性"，可以看作是非法的法律。纽伦堡审判也据此确立了一项原则："凡是以背弃人类理性、漠视人的尊严、践踏人的权利为特征的法都是恶法。恶法非法也。"《纽伦堡法令》是恶法，法庭因此判处戈林等战犯绞刑。

在纽伦堡审判中，杰克逊法官宣读了希特勒1939年5月23日的一段讲话内容："这是向东扩大我们的生存空间的问题，因此要并吞波兰。不管这个理由是否站得住脚，毕竟，强者永远是对的，我们要野蛮地达到我们的目的。"杰克逊法官用颤抖的声音说："人类文明的声音在呼喊，面对这样大规模的犯罪之时，现有的法律系统显得多么的滞后和无助！"

---

① 郑永流：《法哲学与法社会学论丛（四）》，中国政法大学出版社2001年版，第429—443页。

纽伦堡审判让人们重新意识到，只有法的形式理性是不够的，法的实质理性竟然在20世纪高度文明的德国被完全抛弃和践踏。而这种抛弃和践踏，是以非常完备的法的形式理性为手段的。因此，法律在制定和实施过程中不仅要形式上合乎规范，还要在实质内容上体现理性和正义。这一概念的核心是法律不仅仅是程序和规则的集合，更应体现社会的伦理和道德标准。

（三）法的实质理性的内涵

法的实质理性，指法律在制定和实施过程中，除了遵循合理的程序和规范外，还需在内容上体现社会公正和伦理合理性。这意味着法律的内容不仅要合法合规，还要符合社会的道德标准和基本公平原则。其内涵主要包括法律的合法规范性、法律内容的合理性、法律的社会适应性和公正性等方面，如此，法律才能够真正实现其调节社会关系、维护社会秩序和保障个体权益的功能。

纳粹德国犯下的错误永远值得人类警醒，尤其是以法律之名践踏基本的正义、公正和人权，永远值得人类反思，这也是法的实质理性，法律是维护社会秩序、保障公平正义的基石，永远具有其不可替代的价值和意义。正如法学家罗斯科·庞德所说："法律不仅要追求形式上的正义，更要体现实质上的公正。"

三、法的渊源：法律形式的金字塔结构

（一）哈佛大学招生平权法案：法的渊源的效力冲突

哈佛大学是美国最古老、最著名、也最难进入的高等学府之一。为保证校园的多元化和包容性，哈佛大学在招生过程中采用"全面审查"的方法，即综合考虑申请者的各种因素，包括成绩、课外活动、个人陈述、推荐信、面试表现等。其中，申请者的种族也是一个重要的考量因

素,但并非唯一或决定性的因素。哈佛大学认为,基于种族的招生政策有利于促进校园内不同背景、经历和观点的人们的交流和互动,从而提高教育质量和社会效益。哈佛大学还表示,他们没有设定任何种族配额或目标,也没有对任何种族进行歧视或偏袒。只是在符合法律规定和教育目标的前提下,尽可能地平衡和反映社会的多样性。2014年,一个名为"学生公平录取"(SFFA)的组织向联邦法院提起诉讼,指控哈佛大学在招生过程中对亚裔美国人进行了系统性和非法的歧视。SFFA声称,哈佛大学对亚裔申请者设置了更高的标准,而对其他少数族裔申请者则给予了优惠。SFFA要求法院禁止哈佛大学在招生过程中考虑种族因素,并赔偿受到歧视的亚裔申请者。

SFFA诉哈佛大学一案经过了近九年的审理和上诉,最终在2023年6月28日由美国最高法院作出了终审判决。法院以6∶3的投票裁定,哈佛大学的基于种族的招生政策违宪,违反了《民权法案》第六章的规定,该规定禁止联邦资助的教育机构在招生过程中歧视任何人。通过该案可以看到,哈佛大学自己制定的招生政策要受《民权法案》制约,也要受宪法制约。一个社会中,不同的规则有不同的效力等级结构,有些规则效力等级更高,其下位的规则违反它都会无效。

上述案例涉及不同的法律规范或规章制度之间如果发生冲突,该以哪一个为准。对这个问题的回答,涉及法的渊源与法律的效力层级问题。

(二)法的渊源的含义与分类

法的渊源是指与法的效力相联系的法的表现形式。首先,法的渊源必须与法的效力相联系,就是说只有能够产生法的效力的规范,才有可能成为法的渊源。这是立法和执法的必然要求,没有效力的"法律"根本没有存在的必要。产生法的效力的因素有多种,其中最关键的是国家的强制力,它使法具有普遍的约束力。同时,任何法律规范都必须有一定的表现形式,正如任何内容都必须有一定的形式一样。因此,法一定的表现形式便成为法的渊源的重要特性。任何事物都是内容与形式的统一。就每一具体法律渊源而言，具有法律效力是其本质内容，一定的表现形式则是其形式要求，没有这两者的统一，便不构成法的渊源。①

关于法的渊源的分类，学界根据不同标准主要分为直接渊源和间接渊源、主要渊源和次要渊源、形式渊源和实质渊源等。法理学家博登海默将法源分为正式渊源和非正式渊源，正式渊源是指可以从权威性正式法律文件中体现的渊源，非正式渊源是指尚未被正式法律文件中明确阐述、但具备法律意义的材料。②我国法理学界也多采纳此种观点，并依据法的效力形式将法的渊源归纳为制定法、判例法、习惯法、惯例、学说和法理等几种类型。③

（三）当代中国法的正式渊源与法律体系效力层级

法律渊源中最为重要的是正式法源，即具有明文规定的法律效力并且直接作为法官审理案件依据的规范来源。根据《中华人民共和国宪法》、《中华人民共和国立法法》和其他有关法律的规定，当代中国法的正式渊源包括宪法、法律、行政法规、地方性法规、民族自治地方的自治条例和单行条例、行政规章、国际条约等。这些不同的法的渊源，组成了一个法律形式的金字塔结构。当面临法律冲突需判断何者效力更高时，基本依据这个金字塔结构进行判断。

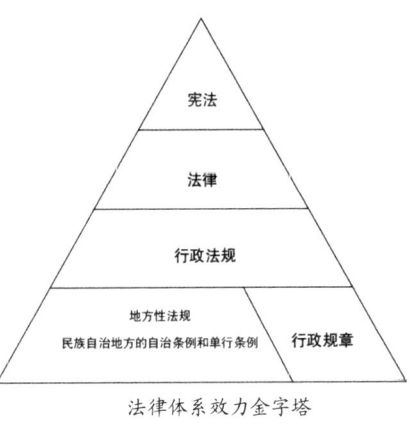

法律体系效力金字塔

---

① 《法理学》编写组：《法理学（第二版）》，人民出版社 2021 年版，第 107 页。
② 博登海默：《法理学：法律哲学与法律方法》，邓正来译，中国政法大学出版社 1999 年版，第 414—415 页。
③ 同①，第 109 页。

1. 宪法

在我国，法律金字塔结构顶端的当属宪法。宪法是国家的根本法，规定国家的基本制度，具有最高法律效力，一切法律、法规和其他规范性文件，都不得与宪法的规定相抵触。《中华人民共和国宪法》序言明确规定："本宪法以法律的形式确认了中国各族人民奋斗的成果，规定了国家的根本制度和根本任务，是国家的根本法，具有最高的法律效力。全国各族人民、一切国家机关和武装力量、各政党和各社会团体、各企业事业组织，都必须以宪法为根本的活动准则，并且负有维护宪法尊严、保证宪法实施的职责。"

2. 法律

比宪法低一个等级的是法律。此处指的是狭义的法律，即由全国人大及其常委会制定的规范性法律文件，如《中华人民共和国民法典》。其法律的效力等级仅低于宪法，高于行政法规和地方性法规。

法律又分基本法律与非基本法律：基本法律是指关于刑事、民事、国家机构的基本制度的法律，只能由全国人大制定；基本法律以外的法律可以由全国人大常委会制定。重要的事项只能由法律（即议会或民选代表机关制定），已经成为法治国家的基本原则，这一原则也叫法律保留原则。

《中华人民共和国立法法》第十一条规定的就是法律保留原则。根据该法的规定，只能制定法律的事项包括：（1）国家主权的事项；（2）各级人民代表大会、人民政府、监察委员会、人民法院和人民检察院的产生、组织和职权；（3）民族区域自治制度、特别行政区制度、基层群众自治制度；（4）犯罪和刑罚；（5）对公民政治权利的剥夺、限制人身自由的强制措施和处罚；（6）税种的设立、税率的确定和税收征收管理等税收基本制度；（7）对非国有财产的征收、征用；（8）民事基本制度；（9）基本经济制度以及财政、海关、金融和外贸的基本制度；（10）诉讼制度和仲裁基本制度；（11）必须由全国人民代表大会及其常务委员会制定法律的其他事项。此外，该法第十二条还规定："本法第十一条规定的事项尚未制定法律的，全国人民代表大会及其常务委员会有权作出决定，授权国务院可以根据实际需要，对其中的部分事项先制定行政法规，但是有关犯罪和刑罚、对公民政治权利的剥夺和限制人身自由的强制措施和处罚、司法制度等事项除外。"因此，只要涉及上述事项的，都只能通过法律来规定，尤其是有关犯罪和刑罚、对公民政治权利的剥夺和限制人身自由的强制措施和处罚、司法制度这几项，属于法律的绝对保留事项，不能授权国务院先行制定。

3. 行政法规

行政法规的制定主体是国务院，规定的内容是行政管理方面的基本事项。如《反兴奋剂条例》等。其效力等级低于宪法、法律。

4. 地方性法规

地方性法规的制定主体包括：（1）省级人大及其常委会，且需报全国人大常委会和国务院备案；（2）省会所在市、经济特区市、经国务院批准较大的市、设区的市、自治州，且需报省级人大常委会批准，并由省级人大常委会报全国人大常委会和国务院备案。如《北京市节水条例》《广东省安全生产条例》等，都属于地方性法规。地方性法规规定内容是关于地方事务的规范和制度，其效力等级低于宪法、法律、行政法规，效力范围仅在本地方适用。

5. 民族自治地方的自治条例和单行条例

自治条例是民族自治地方根据自治权制定的综合的规范性法律文件。

单行条例是民族自治地方根据自治权制定的调整某一方面事项的规范性法律文件。

根据《中华人民共和国立法法》的规定："自治条例和单行条例可以依照当地民族的特点，对法律和行政法规的规定作出变通规定，但不得违背法律或者行政法规的基本原则，不得对宪法和民族区域自治法的规定以及其他有关法律、行政法规专门就民族自治地方所作的规定作出变通规定。"

6. 行政规章

行政规章又分为两种，一种是国务院部委制定的，也叫部门规章，另一种是地方政府制定的，也叫地方政府规章。其效力等级低于宪法、法律、行政法规。

（1）部门规章，即国务院所属部委根据法律和国务院的行政法规、决定、命令在本部门权限内发布的各种行政性规范性法律文件。如国家体育总局的《反兴奋剂管理办法》等。其制定主体是国务院各部委、国务院所属的具有行政职能的直属机构。

（2）地方政府规章，即有权制定地方性法规的地方人民政府根据法律、行政法规，制定的规范性法律文件。其效力等级低于宪法、法律、行政法规和地方性法规。其制定主体为省级政府及以设区的市、自治州政府。

7. 国际条约与协定

国际条约是两个或两个以上国家或国际组织之间缔结的，确定其相互关系中权利和义务的各种协议。

国际条约与国内法的效力等级关系并未明确。《中华人民共和国民事诉讼法》第二百七十一条规定："中华人民共和国缔结或者参加的国际条约同本法有不同规定的，适用该国际条约的规定。但中华人民共和国声明保留的条款除外。"

8. 其他法律形式

此外，还有其他法律形式。如：（1）中央军事委员会制定的军事法规和军内有关方面制定的军事规章。其效力等级低于宪法和法律；军事法规高于军事规章。（2）特别行政区的基本法与法律：特别行政区有权在自治范围内制定自己的法律。（3）授权立法：有关机关授权别的机关所制定的规范性法律文件。

第四讲　实定法与自然法

一、超越法律的法：《安提戈涅》中的自然法

（一）古希腊悲剧《安提戈涅》：自然法与实定法的冲突

《安提戈涅》是古希腊悲剧作家索福克勒斯的一部作品，描述了发生在底比斯的一个著名悲剧。这个悲剧发生之前还有另一个著名的悲剧——俄狄浦斯弑父娶母的悲剧。俄狄浦斯悲剧描述了这样一个故事：忒拜国王拉伊奥斯和王后约卡斯塔的儿子俄狄浦斯，因为神谕预言他将杀死自己的父亲并娶自己的母亲，所以他一出生就被遗弃，但最终被科林斯的国王波里玻斯和王后墨洛柏收养。长大后，俄狄浦斯为了逃避神谕中的命运，离开了科林斯，却在路上不知情地杀死了自己的亲生父亲拉伊奥斯。他解决了忒拜城外的斯芬克斯的谜题，成为忒拜的英雄，并继承了王位，娶了自己的母亲约卡斯塔为妻。后来，忒拜城遭受瘟疫，俄狄浦斯为了寻找解除灾难的方法，最终发现了自己的真实身份。俄狄浦斯与自己的母亲生下了名为波吕涅克斯和厄忒俄克勒斯的两个儿子，以及名为安提戈涅和伊斯墨涅的两个女儿。他知道事情的真相后无法原谅自己，戳瞎了自己的双眼，离开了底比斯，把王位让给了自己的舅舅克瑞翁。

《安提戈涅》的悲剧讲的就是俄狄浦斯的女儿与自己的哥哥，以及国王克瑞翁之间的故事。俄狄浦斯的一个儿子厄忒俄克勒斯为保护城邦而献身，而另一个儿子波吕涅克斯却背叛城邦，勾结外邦进攻底比斯而战死。战后，克瑞翁给厄忒俄克勒斯举行了盛大的葬礼，而将波吕涅克斯暴尸田野。

古希腊的著名悲剧《安提戈涅》

克瑞翁下令,不许安葬波吕涅克斯,违者处以死刑。波吕涅克斯的妹妹安提戈涅毅然以遵循"天条"为由埋葬了她哥哥。安提戈涅认为人死入土为安是神指定的永恒不变的不成文法,后来她被克瑞翁下令处死。与此同时,克瑞翁遇到了一个失明的占卜者忒瑞西阿斯,说他冒犯了诸神。克瑞翁后悔了,去救安提戈涅时,她已死去。

《安提戈涅》是古希腊悲剧的经典。什么是悲剧的本质?用哲学家黑格尔的话来说,悲剧就是命运的不可避免性,以及两种同样正当的价值之间不可调和的冲突。俄狄浦斯的悲剧深刻反映了命运的不可避免性。而《安提戈涅》则体现了两种同样正当的价值之间的冲突:家庭伦理与城邦法律。两种同样正当的价值和伦理发生不可调和的冲突,就是黑格尔认为的《安提戈涅》悲剧的力量所在。

(二)《安提戈涅》的抗争:批判实定法的艺术符号

《安提戈涅》被视为西方自然法思想的源头标志之一。从自然法与实定法的角度,安提戈涅挑战克瑞翁的法律,主张神定法高于实在法,体现了永恒不变的自然法、高级法与实在法的冲突。在《法律与文学》一书中,波斯纳认为,安提戈涅认为法律是对自然之命令的服从,"安提戈涅是用自然法反对克瑞翁的实在法"。克瑞翁代表的国王制定的法律属于实定法，而安提戈涅埋葬哥哥遵循的是"天条"，这个"天条"，就是自然法。

以下两段是索福克勒斯的悲剧《安提戈涅》中安提戈涅说的原话：

> 天神制定的不成文律条永恒不变，它的存在不限于今日和昨日，而是永久的，也没有人知道它是什么时候出现的。
>
> 我并不认为你的命令是如此强大有力，以至于你，一个凡人，竟敢僭越诸神不成文的且永恒不衰的法。不是今天，也非昨天，它们永远存在，没有人知道它们在时间上的起源！

按照自然的法则，行动有正当与不正当之分。安提戈涅所指的显然是这种自然法，她说："埋葬波吕涅克斯是一个正当的行动，尽管是被禁止的，因为按照自然的法则，这是正当的。"

1944年，法国剧作家让·阿努伊根据索福克勒斯的同名戏剧重写《安提戈涅》。在阿努伊重写《安提戈涅》的时代，纳粹德国正在用实定法的形式合法性，进行着惨无人道的杀戮。阿努伊通过安提戈涅人物的塑造，不仅用艺术的形式抗议着纳粹的暴行（披着合法性的外衣），而且安提戈涅抵抗国王克瑞翁命令的依据不在于"神法"或"天条"，而在于她的自由意志。这也使得安提戈涅的角色从古典的悲剧主角，成为存在主义的个体。到了今天，在政治学和法学中，安提戈涅这一形象已经成为一个符号，它象征着运用高级法批判实证法的态度和精神。

正如赫拉克利特所说："人类的所有法律都以唯一的——神的——律条为生。"伯里克利在演讲时也说，不履行神的法律将招致公认的耻辱。所以，在《安提戈涅》故事的最后，克瑞翁终于意识到，千万不要犯不敬神的罪，凡人都逃不了注定的灾难。

(三) 自然法的精神价值

《安提戈涅》的故事不仅在古希腊文学中占据重要地位,而且对自然法思想的发展产生了深远的影响。悲剧阐发的原则首先被希腊哲学家继承和发扬,在随后的希腊化时期,斯多葛学派正式开创了自然法传统。经过西塞罗等人的发展,在罗马法中正式确认了自然法的地位。此后,自然法传统生生不息,弦歌不辍。安提戈涅留给后世最大的意义在于:法律与公民如何达成一种良性的关系,公民应当如何对待恶法。

自然法思想强调的是一种普遍存在的、永恒不变的法则,这些法则超越了人类社会的法律和规范,被认为是宇宙秩序的基础。这种冲突在抽象的理论层面上构成了法理学的一个久远问题,安提戈涅的故事为这一问题的讨论提供了丰富的素材。中世纪神学家托马斯·阿奎那就在他的著作中深刻地阐述了自然法高于实在法、对世俗权力加以强有力制约的思想。

总的来说,安提戈涅的故事不仅在文学上具有重要意义,而且在法律和哲学领域也产生了深远的影响,为自然法思想的形成和发展提供了重要的思想和理论基础。

随着近代以来理性主义的兴起,法律实证主义走向辉煌,自然法基本被人们遗忘。直到第二次世界大战后的纽伦堡审判,戈林等战犯发出"我到底违反了哪一条德国法律"的拷问打碎了实证法构筑的精致世界,也催生了自然法学的复兴和回归。德国法哲学家拉德布鲁赫为解决第二次世界大战后对纳粹战犯的审判困境而写的著作《法律的不法与超法律的法》,认为在一些极端情形下,我们需要超越实定法,去探究那些实定法之上的原则和普遍价值,这就是超越法律的法。而两千年前的古希腊悲剧《安提戈涅》,已经对这个古老的问题展开了探讨。

二、实定法与自然法:哈特的三次论战

(一) 哈特新分析法学提出的背景

关于法是什么的问题,与类似时间是什么一样,在人类法律思想史上展开了无数重要的探讨。这些探讨均不同程度反映了所在时代人们对法、对正义的理解。而与我们当今生活关系非常密切、一直影响着当今世界法理学理论与实践的,当属英国法学家哈特主导并参与的三次学术论战。

哈特是英国著名法哲学家、新分析法学派的重要代表人物,牛津大学法理学教授,是西方20世纪70年代形成的新分析法学派的创始人,也是第二次世界大战后西方法学界最有影响的学者之一。

哈特认为,第二次世界大战后分析实证主义法学的代表奥斯丁的学说(法律即强制命令)受到了各种批判,引起这种批判的原因在于:人们发现"在所有的制度中都存在各种法律,它们在三个主要方面与这种描述不符合。第一,甚至最接近于这种描述的刑法也常有一个不同于对他们的命令的使用范围;第二,其他的一些法规在这样一些方面不像命令,即它们不要求人们去做什么,却可能授权给人们,它们不强加责任,却提供在法律的强制框架范围内自由创设法律权利义务的便利条件;第三,尽管一个法规的颁布在某些方面近似于下命令,但某些法律规则源于习惯,不能将他们的法律地位归于任何有意识的立法行为"。对此,哈特提出,批判法

哈特(1907—1992),英国法学家

律实证主义的人常将奥斯丁关于法律的定义和法律实证主义混为一谈。事实上,奥斯丁的法律命令说并不等同于分析实证主义法学。哈特认为,奥斯丁命令说失败的根源在于:用于创立这一学说的那些因素,即命令、服从、习惯和威胁都没有包括"规则"这一概念,而没有规则的概念就无法理解法律。"法律的特征在于它融汇了不同重量的规则",法律规则可分为"主要规则"和"次要规则",前者设定义务,要求人们从事或不从事某种行为,后者则授予权力。①

由此,哈特在对奥斯丁的学说进行批判和修正的基础上,提出了新分析法学,并在与自然法学的论争中逐渐趋于成熟。其主张区分法律与道德,即把实在法与正义法或理想法相区别,认为正义法和理想法是自然法的对象,而法理学的研究范围是分析实在法的共同概念。

(二)哈特与富勒的论战

1957年4月,哈特在哈佛大学演讲时做了一个题为《实证主义和法律与道德之分》的报告,为法律实证主义辩护,并回应了富勒等法学家对分析法学传统的批判。历史上称为哈特与富勒的论战。

富勒是美国法学家、新自然法学派的主要代表人物之一。他毕业于美国斯坦福大学法学院,1948年继庞德之后任美国哈佛大学法理学教授,发表过著名的假想公案《洞穴奇案》,著作有《法律在探求自己》(1940年)、《法理学问题》

朗·L.富勒(1902—1978),美国法学家

---

① 哈特:《法律的概念》,张文显、郑成良、杜景义等译,中国大百科全书出版社1996年版,第82—83页、第182页、第188—189页。

（1949年）、《法律的道德性》（1964年）、《法律虚构》（1967年）、《法律的自相矛盾》（1968年）等。

哈特指出，任何法律都会受到一定社会集团的传统道德的深刻影响，但不能由此得出结论说：一个法律制度必须符合某种道德或正义。自然法学派站在道德的立场上只承认良法是法，这是一种狭义的法律概念，实证主义法学认为良法和恶法都是法，这是一个广义的法律概念。而广义的法律概念胜过狭义的法律概念，因为前者能帮助我们看到法律问题的复杂性和多样化，而狭义的法律概念却无法达成这一目的。

针对哈特的演讲，哈佛大学法理学教授富勒撰写了《实证主义和对法律的忠诚——答哈特教授》一文，批判分析实证主义传统，主张法律和道德、实然法和应然法不可分离。1958年，《哈佛法律评论》在同一期上发表了哈特与富勒的这两篇长文。哈特于1961年出版了《法律的概念》一书，系统阐述了自己的观点并对富勒的批评进行了回应；富勒则于1964年出版了《法律的道德性》一书，详细阐述了自己的观点并批评哈特主张的法律与道德分离论。哈特于1965年撰写了《法律的道德性》一书的书评，批判富勒的学术思想。富勒在1969年《法律的道德性》再版时又增加了新作《对批判者的答复》以回应哈特的批评。哈特则在1983年《法理学与哲学论文集》以及1985年再版的《法律中的因果关系》两书的前言中，仍然坚持其基本观点，但也承认了其早期的某些观点确实存在偏颇之处。

在这场持续多年的论战中，西方不少知名法学家都直接或间接地加入论战的行列，最终使这场两人之间的论战演变为整个法学界的论战。哈特与富勒的论战意义重大而深远，它促使法学家开始仔细思考法律与道德的关系，在一定程度上确立了"法律是最低限度的道德"的原则。在这次论战的推动下，以哈特为首的新分析法学正式诞生了，自然法学也得以复兴和发展。

(三)哈特与法官德富林的论战

哈特的第二次论战是与法官德富林的论战。论战的起因是英国议会的《同性恋犯罪和卖淫调查委员会报告》。在曾经的英国,同性恋和卖淫长期以来一直被认为是犯罪行为。但在20世纪50年代初,同性恋和卖淫的伦理、法律问题引起了社会的公开讨论。

1954年,英国议会专门成立"同性恋犯罪和卖淫调查委员会"去研究这两种行为是否应作为犯罪处罚,并就此提出法律改革意见。1957年9月,该委员会提交了一篇报告,建议取消对有关成年人私下自愿同性恋和卖淫行为的刑事制裁。该报告认为,法律的功能主要是维护公共秩序,保护人民免受侵害;如果成年人是私下而且自愿地进行同性恋或卖淫行为,就不存在侵害公共秩序的问题,法律就不应当加以惩罚。这一结论的理由是:法律应当给予个人就私人道德问题作出选择和行动的自由,干预公民私人生活或试图强制推行某些特殊的行为模式对于实现法律的目的而言并非必要。这种观点在英国法学家密尔的著作《论自由》中有所体现。密尔把一个人的行为分为涉己行为与涉他行为,只有当一个人的行为是涉他行为时,法律才有干涉的必要。委员会正是以这样的理论为依据,认为成年人之间的自愿性行为不应当受到法律管辖。

法官德富林于1959年3月在英国科学院所作的报告《道德和刑法》中,以"道德规范的强制执行"为主题,系统批判了上述观点。他认为,社会是一个道德共同体,社会的共同道德观念或道德规范对维

帕特里克·德富林(1905—1992),英国法学家

第四讲　实定法与自然法

护社会的存在来讲是极为重要的,一旦作为社会纽带的共同道德被废弃,整个社会的道德体系就会土崩瓦解。因此,通过法律强制推行这些道德观念的理由很简单,那就是法律应该维护对社会的存在来讲非常重要的东西。而反对同性恋和反对卖淫,就是对社会非常重要的价值和道德规范。

与此相反,哈特非常赞同《同性恋犯罪和卖淫调查委员会报告》的建议,并对德富林的观点进行批判。他认为,一个社会现有道德的变化并不必然威胁社会的存在,断言公共道德的任何变化都会危害社会的存在是很荒谬的。他主张,应在公共道德与私人道德之间划出一定的界限,反对法律不适当地干预私人的道德生活。①

最终,哈特在这场争论中占据了上风,德富林本人也在 1965 年公开登报声明放弃自己先前的保守立场。由于这场论战也涉及政治与法律制度的基本理论问题,引起了西方法学界的广泛关注,很多知名学者以及相关领域的专家都参与到了这场论战之中,其影响很快就超出了英国国界,有力推动了西方法哲学的研究。这一次论战中双方聚焦的争议点,也成为后来现代宪法和法律确立的一项基本原则,即法律或公权力干涉公民私生活不能超过必要的限度。

(四)哈特与德沃金的论战

德沃金是公认的当代英美法学理论传统中最有影响的人物之一,曾在耶鲁大学、牛津大学等著名高校任教,出版了《认真对待权利》《法

罗纳德·德沃金(1931—2013),美国思想家

---

① 哈特:《法律、自由与道德》,支振锋译,法律出版社 2006 年版,第 22 页。

律帝国》《原则问题》《至上的美德》《自由的法》《身披法袍的正义》等著作。

20世纪60年代中期，德沃金对英美传统法学观点进行了批判，他一方面批判美国的实用主义法学，另一方面批判法律实证主义。在批判法律实证主义时，德沃金将以哈特为代表的现代法律实证主义归结为"规则论"模式，即把法律视为第一性义务性规则与第二性授权性规则组成的规则体系。德沃金从法官对疑难案件的审理时依据的标准为分析切入点，对哈特的"规则论"模式持否定态度。他提出原则、政策也是法律的构成要素。在现有规则没有提供解决办法的疑难案件的情况下，法官必须从规则背后的原则、政策之中寻求正确判决，此时法官并不享有自由裁量权。而哈特的"规则论"模式赋予法官以自由裁量权，违反了民主政治的原理。

哈特随后对德沃金的批判做了回应，并仍然坚持自己的观点。哈特与德沃金的这场论战虽然不像前两场那样持续时间长、波及范围广，但其影响也非常深远。

值得注意的是，德沃金的观点后来渐渐成为主流，逐渐形成了法律是由"规则、原则、概念"三要素构成的法学理论。当然，这并不意味着哈特的观点就是错误的，哈特的学术思想尤其是关于"法律规则"的论述对当代法理学的形成与发展仍然具有举足轻重的作用。

（五）关于三次论战的小结

作为20世纪西方法理学界最重要的思想争锋，哈特与富勒、德富林、德沃金的三次论战涉及法律哲学的核心问题，尤其是法律的本质、法律与道德的关系以及法律解释的原则。这些论战不仅影响了法律理论的发展，也在一定程度上塑造了现代法律系统的理论基础。

哈特与富勒的论战围绕法律的本质展开。哈特的理论强调了法律的社会构建特征，即法律与道德是两个独立的领域，法律的有效性不依赖于道德标准。富勒强调了法律的道德基础，认为法律与道德密不可分，法律的正当性取决于其是否符合某些道德原则。这场论战揭示了法律理论中关于法律规则与道德的关系的根本分歧，加深了学界对法律实证主义和自然法理论的理解，对后来的法律理论研究有重要影响。

哈特与德富林的论战主要围绕法律或公权力干涉公民私生活的限度探讨。富勒认为应通过法律强制推行作为社会纽带的共同道德规范。哈特则反对法律不适当地干预私人的道德生活。这场论战引起了西方法学界的广泛关注，在法律实践中也逐步确立了法律和公权力干涉公民私生活的限度应建立在法律依据、合理性、必要性和比例原则的基础上，同时需尊重个体的基本权利和社会的伦理标准。

哈特与德沃金的论战聚焦司法实践中法律规则与原则的探讨。哈特主张法律是规则的集合，为法律制度的理解和实施提供了清晰的框架。而德沃金进一步提出原则、政策也是法律的构成要素。在现有规则无法解决疑难案件的情况下，法官必须从规则背后的原则、政策之中寻求正确判决。这场论战影响了法律解释方法，对现代法律理论和法律实践产生了深远影响。

总之，哈特的三次论战不仅涉及法律理论的核心问题，还深刻影响了法律实践和法律哲学的发展，尤其是对自然法和实定法的理解以及两者之间的关系的探讨上提供了新的视角和思考，使法律理论更加全面和深刻，同时也促使法律实践更加注重原则和道德的结合。

第五讲　什么是法学的核心视角

法律制定出来是为了调整人们的行为和社会关系，借以实现法律所追求的目标和价值。但是，法律要实现对人们行为和社会关系的调整，必须经历一个法律实施不可或缺的阶段，即由法律规范转变为法律关系。对于从事具体社会实践活动的人来说，法律规范是一般的、抽象的规定，并无具体主体的指向，只有通过法律关系，法律规范的规定才变成了对具体主体的具体权利义务的规定，由此一定的行为和社会关系才能得到调整。①

一、权利与法律：为什么要为权利而斗争

（一）权利与法律的关系

权利与法律，在西方历史上被认为是具有同一个词根的相互联系的概念，任何正当的法律本身必然包含权利的因素。但法律对于权利的明确规定与完善保护，也经历了一个漫长的发展历程。权利在我国古代历史中并不与法律直接相关，古代法律更多指刑法，但近代以来我国的法制改革与立法运动，大都与权利保障有关，如《中华人民共和国民法典》。可以说，一部法律发展的历史，就是人民为权利斗争、不断通过法律保障权利的历史。

（二）为权利而斗争：《杀死一只知更鸟》《绿皮书》中的权利斗争

电影《杀死一只知更鸟》讲述了这样一个故事：美国南部的梅岗镇

---

① 《法理学》编写组：《法理学（第二版）》，人民出版社2021年版，第120页。

第五讲　什么是法学的核心视角

电影《杀死一只知更鸟》剧照

上住着父亲芬奇和他的一对儿女,妻子已经亡故,芬奇对儿女既严格又疼爱有加。芬奇是当地一名勇于伸张正义的律师。这天他接到一宗强奸案辩护委托,被告是黑人罗宾逊,而受害者是一名白人女子。这样一个案件,在那个种族歧视相当严重的年代,罗宾逊的境况堪忧。即使芬奇找到了罗宾逊没有犯罪的证据,在法庭上奋力维护事实和法律的公正,却没能阻止人们根深蒂固的种族偏见。

获奥斯卡奖的电影《绿皮书》也讲述了同时期美国南方一名黑人钢

电影《绿皮书》剧照

琴家,尽管他的艺术水平受到社会的认可,在演出结束后却没有任何餐馆可以接待他,因为餐馆都是为白人服务,而在当时种族隔离是合法的。

这两个故事都反映了美国 20 世纪四五十年代仍然存在的种族不平等现象。种族歧视、有色人种的权利没有受到保护这种不平等现象,在经历了上百年来的为权利而斗争的运动,才慢慢缓解。

追求种族平等和权利平等是通过一个又一个案件的不断促进才获得的。在美国历史上,里程碑的案件是1954年的布朗诉教育委员会案。在这个案件中,作为黑人的布朗夫妇的孩子被拒绝就读当地堪萨斯州托皮卡市萨姆纳公立小学。布朗夫妇起诉,当地法院以"隔离但平等"为由驳回了布朗夫妇的起诉。布朗夫妇不服判决,案件最终上诉到美国联邦最高法院。联邦最高法院支持了布朗夫妇的请求,判定公立教育中种族隔离的措施违反宪法,推翻了种族隔离合法性的先例性判决。1954年5月17日,美国联邦最高法院一致裁定,实行种族隔离的学校违反了美国宪法保障依法给予平等保护的条款。这项具有里程碑意义的判决,激励了美国民权运动,并对美国公共生活产生了深远的影响。直到20世纪60年代,美国大多数公立学校才实现种族融合。布朗案判决的胜利为当时席卷美国的民权运动形成了势头。1963年8月,马丁·路德·金在华盛顿林肯纪念堂前发表了著名演讲——《我有一个梦想》。在这一演讲的强大感染及形成的舆论压力影响下,美国于1964年通过《民权法案》,在法律上宣布种族隔离政策违法。

马丁·路德·金的演讲

由此可见，权利的获得经历了长期的斗争，对权利的保障也成为现代法律的应有题中之义。"为权利而斗争"，也是著名法学家耶林于1872年春天在维也纳作的著名演讲，后来该演讲文稿被出版成《为权利而斗争》。这本书一经出版，立即被译成英、法、意、俄、日、匈牙利、希腊、荷兰、罗马尼亚、丹麦、捷克、波兰、西班牙、葡萄牙、瑞典等语种，迄今已有五十多个译本。在这本书中，耶林指出，所有的权利都面临着被侵犯、被抑制的危险，因为权利人主张的利益常常与否定其利益主张的他人的利益相对抗。所以权利的前提就在于时刻准备着去主张权利，要实现权利，就必须时刻准备着为权利而斗争。①

"正义女神一手持有衡量权利的天平，另一只手握有为主张权利而准备的宝剑。无天平的宝剑是赤裸裸的暴力，无宝剑的天平则意味着法的软弱可欺。天平与宝剑相互依存，正义女神挥舞宝剑的力量与操作天平的技巧得以均衡之处，恰恰是健全的法律状态之所在。"耶林认为："法律在很大程度上是国家为了达到一定的目的而有意识地制造的"②，因此，从国家的角度，国家权力应当确实地保障权利的实现，包括为权利创造长远存在的良好环境以及为受损的权利提供有效的救济。

（三）权利义务是法学的核心概念

法律权利是一定的社会物质生活条件所制约的行为自由，是法律所允许的权利人为了满足自己的利益而采取的、由其他人的法律义务所保证的法律手段。法律义务是一定的社会物质生活条件所制约的社会责任，是保障法律所规定的义务人应该按照权利人要求从事一定行为或不行为以满足权利人利益的法律手段。③权利义务是法学的核心概念。法是以权利和义务为机制调整人的行为和社会关系的，权利和义务贯穿于法律现

---

① 耶林：《为权利而斗争》，郑永流译，商务印书馆2016年版，第29页。
② 同①，第24页。
③《法理学》编写组：《法理学（第二版）》，人民出版社2021年版，第133—134页。

象中具有逻辑联系的各个环节、法律的一切部门和法律运行的全部过程。

二、《死魂灵》中的买卖法律关系：什么是法律关系

（一）法律关系的概念

法律关系是一个基本的法律概念。其他的法律概念，如法律规范、法律行为、法律责任和法律制裁等，大多都直接或间接地同法律关系这一概念相联系。在一定意义上可以说，任何法律现象的存在都是为了处理某种法律关系，认识和研究法律关系问题，具有重要的理论意义。

德国学者比尔林对法律关系做了一个综合的解释，他指出：一切法律规范都表述法律关系的内容，即被授权人和受约束人之关系，而法律关系的内容则包括一方的权利和另一方的义务。比尔林的解释逐渐被大家所接受。法律关系就是在法律规范调整社会关系的过程中所形成的人们之间的权利和义务关系，是以国家强制力作为保障手段的社会关系，国家强制力确保了法律关系的有效实施。

（二）法律关系的主体和客体

法律关系有以下几个基本的特征：第一，法律关系是社会内容与法律形式的统一；第二，法律关系是根据法律规范建立并得到法律保护的关系；第三，法律关系是主体之间的法律上的权利和义务关系。[①]

法律关系的主体是指在法律关系中享有权利和履行义务的人。从世界各国的情况来看，法律关系主体主要有四类：一是自然人，即具有生命的、个体意义上的人。自然人是所有法律关系主体中最基础的主体。二是法人，即具有权利能力和行为能力、依法独立享有权利和承担义务的组织，如公司、协会、机关等，都属于法人。三是国家。国家的整体或部分是某些重要法律关系的主体，如在国际法领域，国家是国际法律

---

① 《法理学》编写组：《法理学（第二版）》，人民出版社2021年版，第123页。

关系最基本的主体。四是国家机关，如国家权力机关、监察机关等。此外，还有一些其他法律关系主体，如个人独资企业等。

法律关系的客体是指法律关系主体之间权利和义务所指向、影响和作用的对象。法律关系的客体具有以下几个特征：第一，客观性。法律关系客体应当是客观存在的事物，即独立于人的意识并能为人的意识所感知的事物。第二，有用性。只有对人有价值的事物，即能够满足人的物质需要或精神需要的事物，才能成为法律关系的客体。第三，可控性。法律关系的客体应当是人类可以控制或利用之物，只有人类能够控制的东西才适宜由法律调整，才能成为法律关系主体的权利义务指向的对象。第四，法律性。哪些事物可以成为法律关系的客体，各类事物可以成为哪些法律关系的客体，通常都由法律加以明确规定。

（三）《死魂灵》买卖法律关系的主体和客体

为了便于理解法律关系的主体与客体，我们通过果戈理的小说《死魂灵》中的故事，来分析什么是合法的法律关系主体与客体。果戈理的《死魂灵》讲述了一个投机钻营的骗子、假装成六等文官的乞乞科夫买卖死魂灵的故事。在俄国，地主们将他们的农奴叫作"魂灵"，死魂灵指的就是已经死去但尚未注销户口的农奴。乞乞科夫的如意算盘是：利用当时俄国的政策漏洞，购买死魂灵之后当作活的农奴抵押给监管委员会，就可以拿到一大笔钱。于是，他去市郊向地主们收买已经死去但尚未注销户口的农奴，走访了一个又一个地主，经过激烈地讨价还价，买到一大批死魂灵。

下面我们就运用法律关系的原理来对乞乞科夫买卖死魂灵的行为进行分析。从主体的角度来看，《死魂灵》中买卖双方都是自然人，符合法律关系主体的要求。《死魂灵》中的买卖关系存在的问题主要在于客体方面。乞乞科夫买卖的客体是已经死去的农奴的身份，把死去的农奴身份作为活着的农奴进行买卖，违反了法律对客体的要求。乞乞科夫买卖的客体是已经死去的农奴的身份，用今天的法律来衡量，当然属于违法的内容，不能作为法律关系的客体，不具有法律性。即使在当年俄国承认农奴制合法性的 19 世纪，买卖已经死去农奴的身份，也不属于合法的客体——买卖农奴是合法的，但农奴死后买卖他们的身份，在当时也不属于法律认可的客体。因此，死魂灵的买卖关系不是法律关系。法律关系由主体和客体构成，任何一个内容不符合法律的规定，都无法形成合法的法律关系。

（四）法律关系的意义

法律关系具有重要意义，它反映了人们之间的权利和义务关系，是调整社会关系的重要工具。无论法律或法律关系，都不是什么永恒的原则或永恒观念的产物，不能从自身来理解，也不能从人类精神的一般发展来理解，相反，他们根源于物质生活关系，受社会物质生活关系的制约，这是马克思主义法学区别于资产阶级法学的基本观点。[①]法律规范是调整社会关系的基础，它规定了人们的权利和义务，是法律关系形成的原因。法律关系的主体是指享有权利和履行义务的人，客体是指权利和义务所指向、影响和作用的对象。根据不同的标准，法律关系可以分为不同的类型，包括主体之间的权利和义务关系、财产关系等。法律关系由适格法律关系主体，即自然人、法人或国家等，通过一定的行为、契约等，形成了符合法律规定的客体的权利义务。主体或客体任何一个要素如果不符合法律规定，法律关系就可能无效或违法。

[①] 中共中央马克思恩格斯列宁斯大林著作编译局：《马克思恩格斯选集（第 2 卷）》，人民出版社 1995 年版，第 32 页。

第六讲 什么是法的要素

一、关于法的要素的不同学说及通说

如果把法律比作一栋大厦，法的要素所探讨的就是，法律大厦是由什么构成的，哪些砖块、钢筋和材料，构成了法律？法的要素是"法律"的组成元件和构成部分。对这个问题的探讨，也经历了多方思想家云集登场的情形：19世纪的英国著名法学家奥斯丁提出过著名的"命令模式"，即法律由单一的命令要素构成。奥斯丁认为，实在法是掌握主权者责成或禁止在下者从事一定行为的命令，如不服从即以制裁作为威胁。这种法的定义包括三个要素：主权、命令、制裁。因此被称为法的三位一体说。掌握主权者是指一个或一群受人习惯地服从的人，他或他们本人并不服从其他人；命令仅指一般命令，这种命令不一定来自立法机关，也可以来自掌握主权者所授权的人。奥斯丁认为，如果一个命令具有普遍的行为约束力，而且，对之服从的行为主体也是普遍的，那么，这个命令就是法，或者是规则。反之，如果一个命令只是针对个别行为具有约束力，而且，对之服从

《法理学的范围》（约翰·奥斯丁著，北京大学出版社出版）

的主体也是个别的,换句话说,它所规定的内容对行为,以及人们对其表现的服从,都是特殊化的、个人化的,那么,一个命令就是具体的或个别的。①

20世纪的英国法学家哈特则提出了"规则模式",即把法律看成是初级规则与次级规则的结合,次级规则是第二性规则,是为了弥补初级规则的不确定性、静态性、社会压力的无效性这三个缺陷产生的,次级规则分别为承认规则、变更规则、审判规则。主要规则设定义务,次要规则授予权利。②哈特关于法包括主要规则和次要规则、法律与道德的关系、法律概念的学说,是在与美国法学家富勒、德沃金等人的长期论战中形成的。他既坚持了奥斯丁的实证主义立场,同时又对其做了修正,从而使分析实证主义法学进一步适应了战后英国的社会现实,使得新分析实证主义法学自20世纪50年代登上历史舞台以来,能持续统治英国长达半个多世纪,在当代又被拉兹、麦考密克等新一代西方法哲学家继承和发展,至今仍保持着强大的生命力和对世界的重大影响力。

后来,美国法学家庞德提出了"律令—技术—理想模式"。其中,律令与法律外延相同,技术是解释和使用法律规则、概念的方法和审理疑难案件的方法,理想是特定社会中关于秩序的理想图景。③法律的技术成分,指解释和适用法律的规定、概念的方法和在权威性法律资料中寻找审理特殊案件的根据的方法。法律的理想成分,指公认的、权威性的法律理想。法律的律令成分,是由规则、原则、概念和标准构成的复杂体系。他认为,从公元前6世纪以来,法律一直具有三个方面的意义:第一种意义,法律是指法律秩序,是通过有系统地、有秩序地使用政治

---

① 约翰·奥斯丁:《法理学的范围》,刘星译,中国法制出版社2002年版,第25页。
② 哈特:《法律的概念》,张文显、郑成良、杜景义等译,中国大百科全书出版社1996年版,第182页。
③ 罗斯科·庞德:《通过法律的社会控制/法律的任务》,沈宗灵、董世忠译,商务印书馆1984年版,第24页。

第六讲 什么是法的要素

组织的强力来调整关系和安排行为的制度;第二种意义,法律是指一批据以作出司法或行政决定的权威性资料、根据和指示;第三种意义,为了维护法律秩序而依照权威性的指示,以决定各种案件和争端的过程。庞德指出,关于法律是什么的争议,主要集中在第二种意义上。①庞德指出,规则是对一个具体的事实状态赋予一种确定的具体后果的各种律令,原则是一种用来进行法律推理的权威性出发点。概念指一

罗斯科·庞德(1870—1964),美国法学家

种可以容纳各种情况的权威性范畴。标准指法所规定的、根据各个案件的具体情况适用的一种行为尺度。法律的技术、理想和律令三种成分都是日常审判中的因素。它们之间的关系是:律令从发展和适用它们的技术中获得全部生命;技术从法律的理想中得到其色彩和方向;律令从理想中得到其形式和内容。②

德沃金则提出了"概念—规则—原则—政策模式"。德沃金在哈特单一规则要素基础上增加了原则和政策。原则是有关个人的权利、正义或公平的要求或其他道德方面的要求;政策是有关社会经济、政治以及整个社会的某种集体目标的保护或促成。在他眼中,法律渊源有规则、原则、政策三者,在承认规则具有最直接和最广泛意义的前提下,突出

---

① 罗斯科·庞德:《法理学(第一卷)》,邓正来译,中国政法大学出版社2004年版,第368页。
② 罗斯科·庞德:《法理学(第二卷)》,邓正来译,中国政法大学出版社2007年版,第5页。

地强调法律原则"乃是为了弥合法律理论大厦上出现的裂缝,保证法的完整性和自主性,巩固司法权与立法权相对分离的宪政传统,捍卫法的公平、正义价值"。德沃金提出独具特色的裁量观,即分第一、第二两个层面的"弱意义的裁量"和第三层面的"强意义的裁量"。他把哈特的自由裁量权理论定性在第三层面上,认为是在强意义上使用自由裁量权,在某些问题上法官不受立法机关为他确定的准则的约束,法官事实上成了"造法者"。① 这种强意义上的自由裁量权显然已经超出了法官义务或司法责任的限度。由此,他认为法官不应担任立法者的角色,不应该在没有明确规则决定案件时诉诸自由裁量权。而在规则穷尽的时候,法官可以通过寻找原则作为裁判的指引和依据。他指出:"当法学家们理解或者争论关于法律上的权利和义务问题的时候,特别是在疑难案件中,当我们与这些概念有关的问题看起来极其尖锐时,他们使用的不是作为规则发挥作用的标准,而是作为原则、政策和其他各种准则而发挥作用的标准。"② 正由于法律渊源包括规则、原则、政策,特别是原则的存在,德沃金不认可法律实证主义者单纯基于规则的缺陷或空白而得出法官有自由裁量权的理论。德沃金比喻说:"自由裁量权,恰如面包圈中的那个洞,如果没有周围一圈的限制,它只是一片空白,本身就不存在。"③ 他相信,法官的自由裁量权仅是规则、原则和政策范围之内的权力,原则和政策足以弥补规则的局限,不至于导致任何案件结果的空缺。

我国法学界此前长期以来通行"法律规范"说,将法律归结为法律规范这一单一要素。这一理论来自1949年以后对苏联法学的承袭,其理

---

① 罗纳德·德沃金:《认真对待权利》,信春鹰、吴玉章译,中国大百科全书出版社1998年版,第126页。
② 同①,第40页。
③ 莫里森:《法理学:从古希腊到后现代》,李桂林等译,武汉大学出版社2003年版,第449页。

论源头是西方的命令说和规则说。近年来，学者们开始主张多要素说。①本章将详细从法律概念、法律规则、法律原则三方面，对法的要素进行阐释。

二、法律概念与概念法学：法律大厦的阿基米德支点

（一）法律概念

概念、判断、推理是人类的基本思维形式。其中，概念是最基础、最根本的思维形式。概念是人类在认识过程中，从感性认识上升到理性认识，把所感知的事物的共同本质特点抽象出来，加以概括，是自我认知意识的一种表达，形成概念式思维惯性。概念是在人类所认知的思维体系中最基本的构筑单位。心理学上认为，概念是人脑对客观事物本质的反映，这种反映是以词来标示和记载的。概念是思维活动的结果和产物，同时又是思维活动借以进行的单元。法律概念是对各种法律事实进行概括，抽象出它们的共同特征而形成的权威性范畴。法律概念虽不规定具体的事实状态和具体的法律后果，但每个概念都有其确切的法律意义和应用范围（领域、场合）。② 德国法学家魏德士曾说过，"法律概念是法律规范和法律制度的建筑材料"③，表明的就是法律概念作为法律构成的最基础性原料。

法律概念有两个来源，一是从日常生活中的概念而来，二是法律上独有的概念。前者比如出生、死亡，后者比如不可抗力、意思自治等。需要注意的是，尽管部分法律概念来源于日常生活中的概念，但法律上对这一概念可能有不同于日常生活中理解的标准。如法律上对胎儿概念的界定。胎儿最早是个生物学概念。生物学将个体产前期的发展历程分

---

① 张文显：《法理学（第五版）》，高等教育出版社2018年版，第113页。
②《法理学》编写组：《法理学（第二版）》，人民出版社2021年版，第45页。
③ 魏德士：《法理学》，丁小春、吴越译，法律出版社2003年版，第2页。

为三个阶段：胚种期（0—2周）、胚胎期（3—8周）和胎儿期（9—38周）。可见，胎儿是指妊娠8周以后的胎体。法律上对胎儿的规定主要是基于保护胎儿出生后权利的需要。如《中华人民共和国民法典》第十六条规定："涉及遗产继承、接受赠与等胎儿利益保护的，胎儿视为具有民事权利能力。但是，胎儿娩出时为死体的，其民事权利能力自始不存在。"第一千一百五十五条规定："遗产分割时，应当保留胎儿的继承份额。胎儿娩出时是死体的，保留的份额按照法定继承办理。"从上述法律规则中对胎儿概念的使用可以看出，法律概念中的胎儿肯定不是仅指妊娠8周以后的胎体，应该是包括胚种期、胚胎期、胎儿期在内的从怀孕到出生前的整个阶段。随着法律实践和社会变迁，法律概念也在不断发展和演变。例如，法律对死亡的定义就随着科技不断发展进步而变化。最早的死亡概念是心脏停止跳动，但在心脏移植手术成功之后，死亡的概念和标准已经发生了变化，单一的心脏停止跳动标准已经不再成为死亡的概念标准，脑死亡等新的判断标准逐步进入人们的视野。

（二）概念法学

总体来说，法律概念的功能包括表达功能、认识功能、提高法律合理化程度的功能。正是因法律概念具有这样的作用，它不仅成了法律大厦的最基础材料，还在19世纪大规模进行民法典立法过程中，发展出了概念法学（Concept of Law）。概念法学也称规范法学，源于19世纪中叶以后由历史法学演变而来的"潘德克顿法学"，以古罗马《学说汇纂》为其理论体系和概念术语的历史基础，强调对法律概念的分析和构造法律的结构体系。概念法学是19世纪支持制定法典的主要理论方法，其中最为有名的是德国形成于19世纪的法典汇纂体系，也被翻译成"潘德克顿"。进入20世纪以后，概念法学逐渐衰落，但直到20世纪末，它仍然是法学领域的重要理论。一直沿用至今、并被许多国家作为民法典立法效仿典范的德国民法典，就是由几组最为核心的法律概念——民事权利、权利能力、意思表示等，支撑起整部潘德克顿式法典大厦。

三、法律规则与法律原则：《威尼斯商人》中的法律适用

（一）法律视角中的《威尼斯商人》

莎士比亚有一部经典的以法庭审判为核心题材的戏剧——《威尼斯商人》，主要讲述了两个商人之间发生的一系列纠纷和故事。一个是威尼斯商人安东尼奥，另一个是犹太商人夏洛克。安东尼奥是个宽厚为怀的富商，而夏洛克则是一个以放高利贷谋暴利的唯利是图的商人。安东尼奥的一位好朋友巴萨尼奥向安东尼奥借3000金币用作求婚急用，而安东尼奥身边已无余钱，只有向夏洛克以他那尚未回港的商船为抵押品，借3000金币。夏洛克因为安东尼奥借钱给人不要利息，影响高利贷行业，又侮辱过自己，所以仇恨安东尼奥，乘签订借款契约之机设下圈套。为成全好友，安东尼奥便向夏洛克借款，并被迫签下苛刻合约：借款3000金币，期限3个月，如果逾期不还，夏洛克有权从安东尼奥身上割下一磅肉。不料后来商船出事，安东尼奥无力还款。法庭上，夏洛克坚决要求按照合约执行。在法庭上，围绕着是否需要执行安东尼奥与夏洛克签

电影《威尼斯商人》剧照

订的契约"借款三千，期限三月，逾期不还，割肉偿还"，双方展开了激烈的辩论。夏洛克在法庭义正词严地说："我问他要的这磅肉是我花大价钱买的，它属于我，快给我。如果不然，我要诉诸国法！威尼斯城邦的法律等于一纸空文吗？我要求法律！我有证据在手！"夏洛克的诉求可谓理直气壮，有法律、有合约、有违约证据。

如果严格适用当时法律中关于契约自由及违约责任的规定，夏洛克有权从安东尼奥身上割下一块肉。这样的规定在今天看来十分不合理，但在剧中那个年代，这样的契约内容是合法的。《十二铜表法》第六表第一条中规定，凡依"现金借贷"或"要式买卖"的方式缔结契约的，其所用的法定语言就是当事人的法律。早在古罗马时期，《十二铜表法》就规定债权人可以把债务人出卖为奴，甚至在有多位债权人的情况下，可以把债务人砍成几块。在古罗马法中，合同是一种不可动摇、必须履行的约定。古罗马法用 obligatio 表示合同，意思就是"法锁"。《法学阶梯》对债的定义是这样的："债是依国法使他人为一定给付的法锁。"可见，合同和法律是直接联系在一起的。因此，在《威尼斯商人》所叙说的那个时代，合同等同于法律。

古罗马的法谚"合意创立法律"几乎是全欧通行的原则。在《威尼斯商人》中，借款契约是双方平等自愿协商一致签订的，程序合法，且借债的法律事实存在，所以法律应当支持夏洛克实现其债权。类似对契约尊重的规定在今天的法律中也是一个通行规定，如《中华人民共和国民法典》第四百六十五条规定："依法成立的合同，受法律保护。依法成立的合同，仅对当事人具有法律约束力，但是法律另有规定的除外。"在《威尼斯商人》这个故事中，如果严格按照法律规则——即合同来执行，夏洛克可以要安东尼奥身上任何一块一磅的肉，而他要的是心脏的一磅肉，安东尼奥将必死无疑。这个时候无疑是全剧戏剧张力最大的时候。在夏洛克即将执行合同杀死安东尼奥的时候，夏洛克的辩护律师鲍西娅找到了一个合同中的漏洞:"我们要注意,合约上只写了一磅肉,却没有答应给夏洛克任何一滴血。夏洛克可以剥取安东尼奥的任何一磅肉,只是,如果流下一滴血的话,就用他的性命及财产来补赎。"因为根据当时威尼斯的法律,犯了任何企图谋杀威尼斯市民的罪名,都可以没收其财产。夏洛克想割掉安东尼奥心脏的一磅肉,显然不是为了履约,而是要谋杀对方。至此,整个案件峰回路转,获得了最圆满的结局:安东尼奥获救,法庭宣布以谋害威尼斯市民的罪名,没收夏洛克财产。

(二)法律规则与法律原则的概念及适用区别

法律规则是指具体规定权利和义务以及具体法律后果的准则,或说是对一个事实状态赋予一种确定的具体后果的各种指示和规定。[①]在法的体系中,法律规则的优点和独特功能是:其一,微观的指导性,即在规则所覆盖的相对有限的事实范围内,可以为人们提供确定的行为指南。其二,可操作性,亦即可适用性,只要一个具体案件符合规则假定的条件,执法人员或法官可以直接适用该规则。其三,确定性和可预测性,即规则设定的权利、义务和法律后果是明确的。法律规则是以一定的逻辑结构形式具体规定人们的法律权利、法律义务及其相应的法律后果的一种法律规范,是构成法律的主要因素。法律规则具有微观的指导性、可操作性较强、确定性程度较高等特点。如《中华人民共和国民法典》第一百四十六条规定:"行为人与相对人以虚假的意思表示实施的民事法律行为无效。"这一规则就体现了非常强的指导性和可操作性。依据性质,法律规则从性质上可分为义务性规则、授权性规则和权利义务复合性规则;依据形式特征,法律规则可以分为规范性规则和标准性规则;按照功能,法律规则可以分为调整性规则和构成性规则。[②]

与法律规则相对,法律原则是为法律规则提供某种基础或本源的综

[①]《法理学》编写组:《法理学(第二版)》,人民出版社2021年版,第46页。
[②]《法理学》编写组:《法理学(第二版)》,人民出版社2021年版,第46—47页。

合性的、指导性的原理或价值准则的法律规范。如民法中的意思自治原则、诚实信用原则、公序良俗原则等。法律原则与法律规则的区别有以下几个方面。第一，调整方式不同：法律规则对行为模式和法律后果都有明确规定，法律原则只是概括性的要求。第二，适用范围不同：法律原则适用范围更宽广。第三，适用方式不同：法律规则是以"全有或者全无的方式"应用于个案，而法律原则的适用方式不是"全有或者全无"，不同的法律原则具有不同的强度，这些不同强度的原则甚至冲突的原则都可能存在于同一部法律当中。

（三）《威尼斯商人》中的法律规则和法律原则关系

《威尼斯商人》的故事如果放到法律规则与法律原则的语境下进行分析，将会有更为清晰的法律结论。在《威尼斯商人》中，鲍西娅之所以把夏洛克逼入绝境，乃是无奈之下以条文主义对抗条文主义的结果。因为严格遵守契约规定，在那个时代的欧洲，是一项普遍的法律原则，也是漫长的约法传统的延续。13世纪法国的《博韦的习俗和惯例》有"契约胜过法律"（pacta sunt servanda）的说法。不管承诺多么不合理，按照"买方自应注意"的原则，只能自认倒霉。大仲马的《基督山伯爵》里，当摩莱尔公司不能兑现开出的期票时，父子二人都打算自杀，"用血洗清耻辱"。黑死病流行时期，神父可为临终者做忏悔赦免其所有罪恶，唯独不得赦免欠下的债务。总之，在那样的文化背景下，信守契约是不可动摇的社会规范，事关人的根本尊严。何况夏洛克和安东尼奥的契约还经过了公证。从这个意义而言，夏洛克要求严格执行合同，从信仰、传统和新兴的市民社会商业规则来看，都具有相当的正当性。

《威尼斯商人》中的法庭审判当然不是现代法治意义的法律审判，具有好人全胜、坏人全输的道德投射与戏剧色彩。如果这个案子放到今天来审理，法律应当怎样作出公正的判决呢？对这个案子要作出公正的判决，离不开法律规则与法律原则的关系。如果运用法律规则与法律原则的关系来审判威尼斯商人中的案件，就可以在这个案件中适用法律原则，而不适用不合理的法律规则——割掉肉偿债的合同约定是违背公序良俗这一法律原则的，根据《中华人民共和国民法典》第一百五十三条第二款"违背公序良俗的民事法律行为无效"的规定，可以判定夏洛克与安东尼奥的合约无效，安东尼奥根据无效合同取得的3000金币应当返还给夏洛克。至于夏洛克是否存在谋害市民的行为，则应根据刑事法律的相关规定另案处理。

第七讲 什么是良好的法律

什么是良好的法律？一个具有怎样特点的法律制度能够被称为良好？针对这个问题，许多法学家提出了自己对良好法律、法价值的判断准则，这些判断准则，为构建和完善更加公正、合理、有效的法律制度提供了宝贵的思想指引。

一、什么是良好的法律：法的价值包括哪些

（一）良好法律的判断标准

在古希腊，早在两千多年前，亚里士多德就系统论述了良法的判断标准。他认为，良法是为了公共利益而不是为了某一阶级（或个人）的法律；良法应该体现人们所珍爱的道德价值；良法必须能够维护城邦政体。[①] 在他的政治理论中，政治法律制度只是实现人的善德的工具，具有强烈的伦理色彩。亚里士多德的良法标准在很长一段时间内，成为人们公认的判断良好的法律的标准。

到了近现代，美国法学家富勒提出了著名的"法治八原则"，或称"良法八原则"。在他看来，法律是使人类行为服从于规则之治的事业。在《法律的道德性》中，富勒系统地指出了八项法治原则：一是法律的普遍性；二是法律的公平；三是法律不能溯及既往；四是法律规则必须明确，能够被人理解；五是法律规则不能相互矛盾；六是法律规则要求的行为必须是人们的力量所能及的；七是法律规则必须具有相对稳定性；八是法

---

① 亚里士多德：《政治学》，吴寿彭译，商务印书馆1995年版，第199页。

律规则的规定与实施必须一致。①

在《法律的权威：法律与道德论文集》中，英国法学家拉兹提出了不同的"法治八原则"，并以此作为良法的判断标准。拉兹的"法治八原则"包括：一是所有法律都应当是针对未来的、公开的和明确的；二是法律应当相对稳定；三是特别法必须在公开的、相对稳定的一般法的指导下制定；四是司法独立应当切实得到保证；五是自然正义的原则必须遵守；六是法院对其他法律原则的实施有审查权，但仅仅是保证其符合法治而已；七是司法程序应当简便易行；八是预防犯罪的机构行使自由裁量权时不得滥用法律。②

约瑟夫·拉兹（1939—2022）

在良法的判断标准存在分歧的同时，也不乏共性之处。通过古典时期的亚里士多德提出的良法标准，以及对富勒与拉兹的"法治八原则"并排式列举，可以准确概括出良好的法律必然包涵正义（公正）、公平、明确、秩序等价值。

（二）良好法律的正义价值

在这些良法价值中，法学家罗尔斯认为，正义是社会制度的首要价值，正像真理是思想体系的首要价值一样。罗尔斯提出：一种理论，无论它多么精致和简洁，只要它不真实，就必须加以拒绝或修正；同样，某些法律和制度，不管它们如何有效率、如何有条理，只要它们不正义，

---

① 富勒：《法律的道德性》，郑戈译，商务印书馆2005年版，第40—55页。
② 拉兹：《法律的权威：关于法律与道德论文集》（第2版），朱峰译，法律出版社2021年版，第51页。

就必须加以改造或废除。

如果一部法律、一个案件违背了正义,其带来的影响可能很难估量。

正如培根在《论司法》中所言:"一次不公的裁判比多次不平的举动为祸尤烈。因为这些不平的举动不过弄脏了水流,而不公的裁判则把水源败坏了。"

(三)《窦娥冤》与《基督山伯爵》中的正义价值及其实现

对正义的追求,可以说是古今中外人们最朴素的法律情感。

中国历史上,有不少关于人们追寻正义的传世故事和经典戏曲,如著名的元曲《窦娥冤》。

《窦娥冤》是元代戏曲家关汉卿的代表作,讲述了一个违背正义的冤案及其曲折的平反过程。穷书生窦天章为考取功名无钱还债,不得已将女儿抵给蔡婆婆做童养媳,并改名窦娥。婚后不到两年,窦娥的丈夫就病逝了。适逢蔡婆婆向赛卢医讨债,讨债不得却险被赛卢医害死,幸得张驴儿父子二人所救。张驴儿贪图窦娥美貌,借口救命之恩,趁机在蔡婆婆家久住,并要求与其父一同入赘蔡家,但始终未得窦娥同意。张驴儿欲毒死蔡婆婆而霸占窦娥,便将毒药下在羊肚汤中,却误毒死其父。然而,张驴儿诬告窦娥杀人之罪,昏官桃杌严刑逼供,判处窦娥斩刑。窦娥临终前,指天立誓,死后将血溅白练而血不沾地、六月飞霜三尺掩其尸、楚州亢旱三年。窦娥死后,誓言全部应验。三年后,窦娥的冤魂托梦给科场中第并荣任高官的父亲窦天章,向父亲诉说自己的冤情。最终,窦娥的冤情得以昭彰。在《窦娥冤》的故事叙述中,背离正义将遭受上天的谴责。

西方历史中也存在类似的冤案平反或复仇的故事,如大仲马的著名长篇小说《基督山伯爵》。

《基督山伯爵》讲述的是在拿破仑"百日王朝"期间发生的案件。"法老号"老船长在一次远洋航行中病危,于临终前托付大副兼代理船长唐

第七讲　什么是良好的法律

电影《基督山伯爵》剧照

泰斯把船开到厄尔巴岛，替他去见因禁中的拿破仑。登岛后，唐泰斯被委托捎带一封密信给拿破仑在巴黎的亲信。不幸的是，唐泰斯被一心想取代船长位置的会计员唐格拉尔和情敌费尔南设计陷害，二人举报了唐泰斯的送信行为。负责审理此案的代理检察官维尔福发现，唐泰斯要送的密件收信人正是自己的父亲，为确保自己的政治前途，维尔福认定唐泰斯是有颠覆国家政权的极度危险的政治犯，将其关进孤岛上的死牢。后来，唐泰斯在狱中结识了隔壁牢房的老神父，幸运越狱并获得了老神父告知的秘密宝藏，最终成功复仇。《基督山伯爵》以扬善惩恶、报恩复仇为故事发展的中心线索，反映了来自冤案影响之下的人们对正义的强烈渴望与追求。

《窦娥冤》和《基督山伯爵》体现了中西方文化差异背景下人们对实现正义的不同理解，《窦娥冤》中冤案的平反力量来自窦娥的父亲科场中第从而当了高官，即权力是正义的实现基础；《基督山伯爵》中的复仇力量则来自金钱。但毋庸置疑的是，冤案、不正义都会对个人以及社会造成巨大伤害，是人神共愤的事情。窦娥冤案昭雪、唐泰斯成功复仇都表达了类似的朴素正义观，即：正义或许会迟到，但从不会缺席。

这也正是古罗马法谚"为了实现正义,哪怕天崩地裂"所具有的涵义。

二、什么是公正(正义):法律中少数人与多数人的关系

关于良好法律的本质,古往今来有很多不同的见解,但普遍认为,良好的法律必然包括公正(正义)。那么,什么是公正呢?从字面意义来理解,公正就是公平正直,没有偏私。但是,给它下一个大家普遍接受的定义是非常困难的。尽管公正在不同的时空会改变其内容,但公正有一个底线,内含有一定的价值标准,在常规情况下,这一标准便是当时的法律。

(一)"公正"的词源

在西文中,公正与正义具有同一词根,都是源于拉丁语 justitia,由拉丁语中的 jus 演化而来。jus 是个多义词,有公正、公平、正直、法、权利等多种含义。英语中的 justice、法语中的 droit、德语中的 recht、意大利语中的 diritto 等,都兼有正义、公平、法的意思。

(二)公正价值的界定困境

如何界定公正或者正义呢?在西方哲学历史上,柏拉图的《理想国》是最早全面探讨正义、公正的著作,其副标题也可以理解为"论正义"。在书中,柏拉图借用当时古希腊最著名的哲学家、思想家的对话,探讨了关于正义的几乎所有观点。谈到正义的本质时,柏拉图认为,正义不仅仅是个体之间的公正关系,更是整个社会的和谐有序;正义不仅在个人层面上实现,还需要在城邦的构建中得以体现。[①]后来,亚里士多德、西塞罗、托马斯·阿奎那等哲学家、政治学家,都围绕正义阐述了自己的观点。

可以说,对公正的追问同对"法是什么"的追问一样,是一个被无

[①] 柏拉图:《理想国》,郭斌和、张竹明译,商务印书馆2018年版,第420页。

数思想家探讨至今的话题。但无论从哪个角度来界定公正，基本上都离不开一个问题：公正如何对待多数人与少数人。对这个问题的回答，显现了不同法学思想对于公正价值的态度。

与自然科学的实验相似，社会科学也通过一系列的思想实验来探讨和分析不同价值与学说的碰撞。在人类思想实验的历史上，似乎没有比电车难题（Trolley Problem）更为著名、讨论更多的实验了。电车难题最早是从哲学家菲利帕·福特1967年所发表的《堕胎问题和教条双重影响》论文中提出的：一辆失控的电车在轨道上飞速行驶，轨道上绑着五个无辜的人。而此时在你的身旁恰好有一个拉杆，只要你扳动拉杆，就可以让电车变道，从而救下这五个人。但是，在电车变道后所驶向的另一条轨道上，也绑着一个同样无辜的人。在这种情况下，你是否应当拉杆？问题一经提出，讨论热潮经久不衰。哈佛大学政治哲学教授桑德尔的通识课"公正"一上线就突破百万观看量，而课程第一讲探讨的就是电车难题。后来，在电车难题的原初版本之上，又出现了五六个变种或升级的版本，增加了公正选择的难度。

电车难题之所以一直被讨论，一方面在于它确实是伦理困境的两难选择，另一方面，则是这个思想实验浓缩了两千多年来哲学家、思想家们对社会关切的问题核心，即什么是公正？我们怎么做正确的选择？正如桑德尔课程的副标题：What's the right thing to do?

（三）功利主义系统中的公正价值

近代以来，如何评价电车难题中少数人与多数人之间的权利平衡，成了一个愈加突出的问题。关于这个问题的回答，边沁给出了一个看似可以终结道德讨论的答案：只要能带来最大幸福的行为都是正确的、可取的。[①]边沁的最大幸福原则（Greatest Happiness Principle），也叫功利

[①] 边沁：《道德与立法原理导论》，时殷弘译，商务印书馆2003年版，第59页。

主义（utilitarianism），是通过幸福计算法（Felicific Calculus）计算出一个特定的行为会带来多少快乐，然后减去这一行为可能引起的痛苦，所得即为快乐价值，即"效用"（utility）。按照边沁的幸福计算法，电车难题似乎迎刃而解：为了挽救五个人而牺牲一个人，明显效用更多，牺牲一个人是正确的、可取的。

康德认为："说谎在任何条件下都是不道德的行为。"但如果用功利主义评价体系来判定谎言的道德偏向，只需要判断一下温和的谎

杰里米·边沁（1748—1832），
英国法理学家、哲学家

言是否会带来更大的幸福，如果会，那说谎便是正确的。边沁的功利主义风靡一时，因为它似乎解决了近两千年来社会无法给出科学结论的道德难题。但功利主义同样存在一个重大难题：幸福该如何计算呢？

詹姆斯·密尔（以下简称老密尔）是边沁的好友，同边沁一样，也是功利主义哲学家，深受洛克"白板论"（人的心灵如一张白纸，思想来自感觉经验）的影响。老密尔按照功利主义的方式培养儿子约翰·密尔：约翰·密尔就是那张白纸，他三岁开始读希腊义，八岁开始学拉丁文、代数、几何，九岁遍读希腊史家的重要著作，少年阶段结束时，他已经具备了比大学毕业生还要广泛的知识。由于父亲与边沁是好友，约翰·密尔每年都会去边沁家里住一段时间，后来，他成了边沁的学生，接过了功利主义的大旗。尽管密尔从小就被培养成了一个功利主义者，但他却最先发现了边沁理论中最大的漏洞：幸福是无法被统计的。

第七讲 什么是良好的法律

幸福分为高级幸福和低级幸福，二者完全不同质，如何进行数量上的统计呢？密尔举了一个简单的例子：你愿意做一只快乐的猪，心满意足地在猪圈里打滚，大口吃着猪食，还是做一个悲伤的人？他认为，很明显，我们会选择做一个悲伤的人，而不是一只快乐的猪。密尔进一步表示，人可以拥有不同等级的快乐，有些快乐比其他快乐要好太多，无论多少低等的快乐都无法与高等的快乐相比。动物只能体验到感官上的快乐，永远无法与

约翰·密尔（1806—1873），英国哲学家、心理学家

高等的、需要智力才能得到的快乐，如读书、听古典音乐所产生的快乐相比。因此，与其做一个满足的傻瓜，不如做一个不满足的苏格拉底，因为哲学家苏格拉底能够从自己的思想中获得高级的快乐，这是傻瓜永远无法企及的。① 为什么快乐要按高等人的说法为准，不是按傻瓜的说法为准呢？密尔的回答是：任何经历过高等和低等快乐的人都更喜欢高等的快乐。猪既不识字，也听不懂古典音乐，所以它对这个问题的看法是不算数的。相反，如果一头猪能读书，那么它一定会选择读书而不是在泥里打滚。

密尔的疑问对回答或解决电车难题是至关重要的：既然幸福不可计算，那么生命可以计算吗？如何衡量生命的大小？五个人的生命一定大于一个人的生命吗？如果说生命本身是无价的，那么生命就不能被量化。

---

① 约翰·密尔：《功利主义》，徐大建译，商务印书馆2018年版，第12页。

如果生命可以被量化，生命最终也会沦为客体或手段。

（四）公正价值与公意

电车难题还存在一个疑问：谁有权来决定应该牺牲谁？思想实验当中，我们是以上帝的视角来决定电车开向哪个轨道。但现实的政治生活中，谁才是那个有权决定电车方向的人呢？

在古典时代，决定主体可能是城邦、国家、君主；在近现代，以卢梭为代表的理论家们发明了一个更为华丽的概念——公意（general

让-雅克·卢梭（1712—1778），法国启蒙思想家、哲学家

will），让这个主体看起来更具有正当性。在传世名篇《社会契约论》中，卢梭区别了公意与众意，强调公意是代表全民利益的，不是多数人利益的简单相加（即众意），而是真正体现整体利益的正确意志。那么，对于社会上那些不同意公意的少数人，该怎么办呢？卢梭认为，对具体的个人而言，如果有人没有认识到遵守公意的决定是为了社会的共同利益，那么这个人就应该被"强迫自由"（forced to be free），即任何人如果反对真正符合社群利益的事情，在这种情况下，即使他们觉得自己的行为是自由的选择，但其实并没有得到真正的自由。对于个体来说，只有遵守公意才能获得自由。

卢梭使用的自由概念与洛克、密尔的自由概念相差万里，但由于其构建的理想社会图景吸引力过于强大，法国大革命伊始，无数理想主义者视卢梭为政治牧师，在追寻理想社会的路途上前仆后继，导致数不清的"少数人"成为"公意"的牺牲品。

（五）原初立场与无知之幕

对电车难题中功利主义选项（牺牲一个人保护五个人）的另一个有力的质疑是：如果你是那个被牺牲的人，你还会同意牺牲自己去救另外五个人吗？相信很多人是拒绝的。那么，如果决策者是站在一个牺牲者与自己无关的角度，还能作出公正的选择吗？

按照这个质疑，罗尔斯在《正义论》中提出了另一个被称为天才的思想实验——原初立场（The

约翰·罗尔斯（1921—2002），美国政治哲学家

Original Position）。罗尔斯试图通过一个简单通俗的概念，解决自柏拉图以来两千多年未曾停止过的关于"什么是公正"的争论。原初立场思想实验的核心是：设计一个更好的社会，但不知道自己将在这个社会中占据什么位置。你不知道自己是富有还是贫穷，是否有残疾，是男是女，聪明或不聪明。一个社会中不同的人有不同的需要，但是怎样的制度安排才是公正的呢？答案是：只有当一个人不知道自己将在这个社会中处于什么位置时，才最倾向于设计或选择最公平的制度。即只有在虚构的无知之幕（veil of ignorance）后面，政策制定者才可能倾向于制定出最公平的政策，因为制定者也不清楚自己将来处于社会中的什么位置。思想实验虽是假定的，但真实的抉择在生活中是时时刻刻存在的。①

事实上，早在电车难题提出的八十多年前，陀思妥耶夫斯基就在《卡

---

① 约翰·罗尔斯：《正义论（修订版）》，何怀宏、何包钢、廖申白译，中国社会科学出版社 2009 年版，第 11 页、第 92—93 页、第 98 页、第 106 页。

拉马佐夫兄弟》中提出了关于这个著名伦理困境的探讨：你正在建造一座人类命运的大厦，目的是让人们幸福，给他们和平与安宁，但为此目的必须而且不可避免地要牺牲一个——总共只有一个——小小的生命体，就算是那个用小拳头捶自己胸部的小女孩吧，用她的得不到补偿的生命为这座大厦奠基，你会不会同意在这样的条件下担任建筑师？

在绝对法律关系中，如所有权、人身权等，都是一种排他性的权利，这种权利可以对抗所有其他人，其他人则承担不作为的义务。[1]法律中的公正不是简单的少数人服从多数人，而是必须考虑对每一个生命个体的尊重。第二次世界大战后，许多国家的法律制度都规定，即使多数人通过的决议也不能侵犯少数人的权利，少数人的权利保护需要限制民主可能带来的对少数人的侵害，民主与法治二者兼顾，才能确保社会公正。正如罗豪才先生所言："应当同时兼顾维护秩序与捍卫自由这两种功能，不能过于强调一方而忽视另一方。"

三、超越合理怀疑与无罪推定：《十二怒汉》中的程序正义

（一）《十二怒汉》中的正义审视

良好的法律不仅需要法律本身被制定得体现正义，还需要被公正地执行。因此，程序正义对于法的价值来说就不可或缺。许多文学影视作品都体现了程序正义的价值及实现，而电影《十二怒汉》是关于程序正义的作品中不可绕开的经典之作。

《十二怒汉》讲述了一个在贫民窟长大的18岁少年因为涉嫌杀害自己的父亲而被告上法庭，铁证如山的证据对他极为不利。整部电影桥段都发生在一个封闭的房间中，影片围绕着陪审团的讨论过程而展开。十二位个性迥异的陪审团成员，代表了不同的社会背景和观点。除了亨

---

[1]《法理学》编写组：《法理学（第二版）》，人民出版社2021年版，第135页。

第七讲 什么是良好的法律

电影《十二怒汉》剧照

利·方达扮演的建筑师之外，其余人都对这个案件不屑一顾，在案件还未进行讨论之前就早早认定男孩是杀人凶手。确实，一切的证据都显示男孩有罪，大家觉得案件似乎毫无讨论的必要。但陪审团第一次对案件的表决结果是11对1，其中十一人认为男孩有罪。按照法律程序，只有十二位陪审员意见一致，也就是12对0的表决结果才会被法庭采纳。首位赞成男孩无罪的是8号陪审员，由于他对三个关键证据的科学推测与坚持，赞成男孩无罪的氛围开始在其他十一个陪审员之间扩散，对男孩是否有罪的表决也开始出现戏剧性的改变：11对1、9对3、8对4、6对6、3对9、1对11。最终，通过各种不同人生观的冲突和思维方式的较量，十二位陪审员达成了一致意见：男孩无罪！

超越合理怀疑（beyond a reasonable doubt）原则和无罪推定（presumption of innocence）原则是影片的核心观点。作为刑事诉讼程序中的一个重要证据标准，超越合理怀疑原则用于判断被告人是否犯有指控的罪行。它的证明标准较高，要求控方在审理过程中所提出的证据和证明必须排除合理怀疑，案件没有其他合理的可能性，被告人构成犯罪的结论具有唯一性。无罪推定原则与超越合理怀疑原则相辅相成。无罪

81

推定是指在刑事审判中，任何人在未经依法判决有罪之前，应视其无罪。根据这一原则，法院对被告人的定罪必须基于充分的证据证明，而非仅仅是被告人的供述或对其的怀疑，以免对无辜者错误判罚。

《十二怒汉》自上映半个多世纪以来，一直被认为是法庭电影的经典之作。导演以此来描绘人类本性中善恶之间的斗争，探讨了正义、偏见和合理怀疑的主题。影片通过演绎陪审员对正义的审视过程，将超越合理怀疑原则与无罪推定原则展现出来，引导观众思考程序正义在判决的公正性和准确性中的价值体现。

（二）正当程序的历史演变

从字面意义看，"程序"是诉讼的法律过程，是事项的展开流程和先后顺序，是一种"机械"的操作规程。从法学角度看，程序是从事法律行为而作出某种决定的过程、方式和关系。而法律程序是指人们遵循法定的时限和时序并按照法定方式和关系进行的法律行为。

正当程序起源于英国的自然公正原则。自然公正原则包括两个基本内涵：一是任何人或团体在行使权利过程中可能使别人受到不利影响时，必须听取对方意见，每个人都有为自己辩护和防卫的权利。二是任何人或团体不能作为自己案件的法官。[1]英国在1215年的《自由大宪章》中明确规定："凡自由民，除经其贵族依法判决或遵照国内法律之规定外，不得加以放逐、伤害、搜索或者逮捕。"之后，美国在1791年的《美利坚合众国宪法》修正案中规定："非经正当法律程序，不得剥夺任何人的生命、自由和财产。"这一条款被认为是现代正当程序的基本涵义。

正当程序作为西方自然法则指导下的产物，对西方的法治建设发挥了举足轻重的作用。中国历来具有"重实体，轻程序"的法律传统，西方明确的程序为先的理念值得中国思考与借鉴。如今，我国在刑事诉讼、

---

[1] 戴维·M. 沃克：《牛津法律大辞典》，李双元等译，法律出版社2003年版，第787页。

民事诉讼、行政诉讼、行政程序等各种立法实践中，也采用了正当程序条款及其基本涵义。随着社会法治建设的日益深入，程序正义的观念已经开始慢慢普及。

（三）程序正义的价值蕴含

程序正义包括裁判过程（相对于裁判结果而言）的公平和法律程序（相对于实体结论而言）的正义，确保每个人都能够公平受到审判和处理，强调在司法程序中保护被告人的权益，即"看得见的正义"。正如格言："正义不仅应得到实现，而且要以人们看得见的方式加以实现。（Justice must not only be done, but must be seen to be done.）"

罗伯特·萨默斯（Robert S. Summers）的"程序价值"理论专门针对法律程序的正义价值进行思考。在 1974 年发表的论文《对法律程序的评价与改进——关于"程序价值"的陈辩》中，萨默斯首次提出了法律程序的独立价值标准问题，并系统地分析和论证了所谓的"程序价值"。萨默斯的理论强调了法律程序本身的价值，即"程序价值"，这种价值独立于程序可能具有的任何"好结果效能"之外。他认为，评价法律程序时应考虑的不仅仅是程序对于实现好结果的有效性，而且还要体现一系列独立的价值要求，如参与性统治、程序理性、程序公平等。这些价值通过程序本身而不是通过结果所体现出来的，它们的正当性和合理性并不依赖于程序的好结果效能，而是由这些价值本身决定的。萨默斯的理论对于法律程序的设计和实施具有重要的启示意义，它强调了在法律程序中实现这些价值的重要性，即使这些程序可能在实现好结果方面并不总是有效。通过法律实现程序价值，可以使程序设计更加公正和合理，从而提高法律制度的公信力和权威性。[①]

程序正义的核心要素包括参与、中立、对等、理性、信息、及时和终结。

[①] 陈瑞华：《通过法律实现程序正义：萨默斯"程序价值"理论评析》，载《北大法律评论》1998 年第 1 期。

这些要素共同构成了程序正义的框架,确保了法律程序的公正性和合理性。

四、法的秩序价值:《卢旺达饭店》中的至暗时刻

秩序,意味着在社会中存在着某种程度的关系稳定性、进程连续性、行为规则性、事件可预测性以及财产和心理安全性。法的秩序价值被认为是法的最基础性价值,若社会没有秩序,就连最基本的安全也无法保障。

正因如此,一些学者试图用法的秩序价值来论证国家产生的必要性,如霍布斯的《利维坦》。

(一)法的秩序价值的基本内涵

法的秩序价值包括两个最基本的内涵:一是和平,即没有战争的状态。法律的主要目的在于用和平的方式避免和解决暴力冲突,便于停止社会盲目报复无尽头的状态。二是安全,是指人们在社会生活中不受伤害、危险或威胁的状态。和平与安全是法律最为基础的价值。

在维护社会稳定、保护公共利益、促进公正和平等、推动经济发展以及提供司法途径方面,法的秩序价值尤为重要,它为社会提供了一种规范和平衡的框架,对社会的公正、稳定以及繁荣具有重大意义。

(二)"霍布斯问题"中的秩序价值

国家的产生问题在政治学上也被称为"霍布斯问题"。

霍布斯是英国早期著名的启蒙思想家,社会契约论和现代自由主义的开创者,被后人称作"政治学界的牛顿",首次系统建立了以权利(而非义务)为本位的政治哲学。他在代表著作《利维坦》中,运用理性论证推导,证明出了国家产生的必要性。

"利维坦",字意为裂缝,是《圣经》中象征邪恶的一种海怪,通常被描述为鲸鱼、海豚或鳄鱼的形状。霍布斯用《圣经》中力量巨大无比的海兽"利维坦"形容国家,后来,国家也被称为"利维坦"。

第七讲 什么是良好的法律

霍布斯通过以下推理论证国家产生的必要性:

首先,霍布斯假想了一个没有国家或政府存在的自然状态:每个人都按照自己的本性而生活,每个人都要实现自己占有一切的"自然权利",从而导致"一切人反对一切人的战争"(war of all against all)状态。在"自然状态"中,人人自危,工农业无人治理,科学文化更无人过问,一切都陷于混乱中。

托马斯·霍布斯(1588—1679),英国政治家、哲学家

人们为了越出"自然状态",摆脱战争的威胁,使安全得到保证,就必须放弃企图占有一切事物的自然权利,通过相互契约,把大家的权利交给一个人或者由一些人所组成的议会,把大家的意志集中为一个意志。

社会契约是个人之间达成的协议,就好像每个人都对别人说,我放弃我统治自己的权利而把它授予某个人,或者某些人的集合,在这种情况下,你也把你的权利授予他,并以类似的方式认可他的行为。如此联合在一种人格里的人群就叫做"国家",被授予权利的人就是国家的本质,他是一种人格。一大群人通过相互约定使自己成为这种人格的一切行动的主人,为的是当他认为适时的时候,可以使用大家的力量和工具来谋求和平和公共的防御。

基于人们对秩序与安全的需要,必须有一个组织对暴力实现一定程度的垄断,防止社会堕入"一切人反对一切人的战争"状态。霍布斯认为,正是国家的建立结束了这种状态。在他看来,每个人之上都有一个超越一切的权力,即国家政权。国家政权可以使契约获得有效性,从而使社会得到安宁，和平得到保证。

需要注意的是，霍布斯所说的"自然状态"，不是单纯对远古人类生活状态的一种设想，凡是没有国家权力或国家权力软弱无力的地方，都可能出现这种状态。换句话说，所谓"自然状态"，也就是无政府状态。

（三）《卢旺达饭店》中的无政府状态

如果一个社会陷入无政府状态，真实的情况会是什么样呢？2004年的电影《卢旺达饭店》，讲述的就是当一个社会失去了法的秩序价值、完全陷入无政府状态下可能出现的极端情形。

《卢旺达饭店》取材自现代世界的一段真实惨剧——卢旺达种族大屠杀，也称"卢旺达内战"，是卢旺达国内胡图族对图西族以及胡图族温和派的一场种族灭绝大屠杀。电影讲述了一个名叫保罗·卢斯赛伯吉纳的饭店经理在种族仇杀中成功挽救1268位图西族及胡图族难民的故事。保罗是胡图族人，而他的妻子塔莎娜是图西族人。对他而言，在动荡的时局中，如何保护图西族的亲戚与朋友成了他一生中面临的最大使命与挑战。

大屠杀的导火索是一起空难事件。1994年4月6日，一架载着卢旺达胡图族总统朱韦纳尔·哈比亚利马纳和布隆迪总统西普里安·恩塔里亚米拉乘坐的飞机在卢旺达首都基加利上空被火箭击落，两国元首同时罹难。这一事件引发了卢旺达国内两个种族的互相猜疑，于是爆发了一场规模空前的武装冲突和种族大屠杀。大屠杀得到了卢旺达政府、军队、官员和大量当地媒体的支持。被胡图族种族主义者控制的广播电台为大屠杀的行为煽风助阵，他们叫嚣着"让一切的郁积都爆发出来吧"。4月7日，由胡图族士兵组成的总统卫队杀害了卢旺达女总理、图西族人乌维林吉伊姆扎纳和3名部长。短短两个月时间，胡图族对图西族及胡图族温和派实施了有组织的种族灭绝大屠杀，共造成80万至100万人死亡，死亡人数占当时卢旺达总人口的1/8。此外，还有25万至50万的妇女和女孩遭到强奸。

第七讲 什么是良好的法律

难以想象，如此惨绝人寰的百万人大屠杀就发生在20世纪90年代，距今仅三十余年。更为讽刺的是，在大屠杀爆发时，那些有能力阻止屠杀且奉行人道主义的外部力量，皆出于种种原因而对卢旺达的混乱置之不理。由于在索马里进行军事行动时出现"黑鹰坠落"意外事件，美国不想介入卢旺达内战。比利时政府以10名比利时维和军人遭到杀害为由，撤出了在卢旺达的所有部队，并带走了全部武器。大屠杀发生的第四天，联合国安理会通过投票，象征性地在卢旺达保留了260名维和人员，职责仅仅是调停停火和提供人道主义援助。在卢旺达种族大屠杀持续了近一个半月后，联合国才决定将驻卢旺达援助团人数增加到5500人，扩大其行动授权，并说服其他国家参与救援。由于缺少外部力量的干预，内部斗争又已经发展到了完全不受控制的地步，至暗时刻里的卢旺达可以说是霍布斯所言的"一切人反对一切人的战争"的现实版面与诠释。

通过《卢旺达饭店》这部电影可以发现，在法律的全部价值中，包括正义、自由在内，秩序价值是最基本的价值。没有秩序，也就没有所谓的自由和正义。

1994年卢旺达种族大屠杀中的难民

第八讲　法律思维

思维是人类所具有的高级认识活动。其中，概念、判断、推理、证明是不同的思维形式。在概念、判断、推理等思维的形式中，判断被认为是思维最重要的形式之一。尤其是综合性判断，被认为是我们人类得以形成或获得新知识的关键。许多哲学家用一生的时间，就是为了论证人类的综合性判断是如何形成的。如康德在哲学上最大的贡献之一是解释了人类的先天综合性判断何以成为可能。他试图回答和解释休谟等怀疑论哲学家无法解释的经验知识为何具有普遍性的问题。由此可见，判断是人类思维的重要形式，也是我们获得知识的重要形式。法律思维是指按照法律的逻辑来观察、分析和解决社会问题的思维方式。[①]法律人既要以法律为依据，又要通过法律原理，避免机械适用法律，避免落入法律思维的陷阱。法律思维是法律人的核心素养，也是每个公民应当掌握的思维技能。学习和如何运用性地把思维的结果与过程表达出来，就是法律思维的表达和运用。

一、法律思维与大众思维：苏格拉底之死与众人的权力

（一）法律思维的本质是一种合法性与非法性的判断

什么是法律思维呢？让我们从《苏格拉底之死》这幅著名油画记载的故事进入法律思维的学习。《苏格拉底之死》这幅画是由法国画家雅克-路易·大卫于1787年创作的，他一生创作了许多以历史重大事件为题材

[①]《法理学》编写组：《法理学（第二版）》，人民出版社2021年版，第176页。

第八讲 法律思维

《苏格拉底之死》 [法]雅克－路易·大卫绘

的作品。油画当中举着手的人是苏格拉底,旁边的人是他的弟子,油画记录了苏格拉底临死前和弟子告别的场景,柏拉图后来根据这个场景写了两篇非常著名的对话,即《申辩》和《斐多》。那苏格拉底为什么会被判死刑呢?

苏格拉底是古希腊著名的哲学家,当时的德尔菲神谕记载,苏格拉底是全古希腊最有智慧的人。虽然苏格拉底是全古希腊最有智慧的人,追随他的青年弟子也非常多,但他常常挂在嘴边的一句话却是:我唯一知道的就是我一无所知。苏格拉底的言行引起了雅典贵族的愤怒和妒忌,他们捏造了亵渎神明罪与毒害青年罪,将苏格拉底告上了法庭。对这个案件的审判,史称"苏格拉底审判"。

在当时的雅典,实行民主政治和民主审判,审判苏格拉底的正是501人的大陪审团,相当于议会。在苏格拉底审判中,陪审团的裁决是这样写的:"苏格拉底是一个作恶者,是一个怪异的人,他窥探天上地下的事物,把坏的说成是好的,并且以这一切去教导别人。"[①]"现在我宣布,经过五百人大陪审团合议,就苏格拉底是否犯有以下两项罪名:

[①] 柏拉图:《柏拉图全集(第1卷)》,王晓朝译,人民出版社2002年版,第481页。

第一，亵渎神明罪，第二，毒害青年罪，作出以下裁决：281比220，多数陪审员认为，苏格拉底有罪。"

作为对比，我们再来看一下另外两份现代的判决，比较一下当中的异同。第一份判决来自2023年美国联邦最高法院审理的一起引发广泛关注的平等权案，即审理哈佛大学因实施平权法案追求学生种族多样性而对亚裔等族裔在录取上存在的不公平是否违宪。该案的最终判决结果是：9名大法官以6比3的投票结果，裁定哈佛大学基于种族的招生政策违宪，违反了《民权法案》第六章的规定，该规定禁止联邦资助的教育机构在招生过程中歧视任何人。法院还指出，哈佛大学对亚裔申请者的个性评分存在明显的偏差和不公平，这是一种隐性而有害的歧视行为。

另外一个案件是发生在我国的江歌母亲江秋莲诉刘某曦案件。案件的一审判决中这样写道：

> 一、关于刘某曦应否承担民事赔偿责任
> 刘某曦……具有明显过错，应当承担相应的民事赔偿责任。
> ………………
> 二、关于刘某曦应否支付精神损害抚慰金
> 刘某曦在事后发表刺激性言论，进一步伤害了江秋莲的情感，依法应承担精神损害赔偿责任。

从上述三个案子的判决可以看出，法律思维本质是一种判断，而且这种判断是一种关于有罪与无罪、是否合法、是否需要承担责任的判断，即合法性与非法性的判断。

（二）法律思维的特点

判断是人类思维的重要形式，通过概念、推理和证明等思维活动，形成综合性的判断。判断并非简单的过程，它涉及概念、推理和证明等

多个思维环节,共同构成复杂的思维过程。判断是思维的核心,也是获得知识的关键,其复杂性和重要性不言而喻。

法律思维方式的重心在于合法性分析,即围绕合法与非法来思考和判断一切有争议的诉求、利益、行为。法律思维具有以下几个基本特点:

第一,以法律为准绳。法律思维是在决策过程中按照法律的逻辑,来思考、分析、解决社会问题的思考模式。法律思维是以法律为中心,确保个案的处理"一准乎法",这是法律职业者最基本的职业思维。

第二,以权利义务为分析线索。一切法律问题,说到底都是权利与义务问题。法律意义上的权利与义务构成了思考一切法律问题的逻辑线索,因此,法律思维方式的实质就是从权利与义务这个特定的角度来观察问题、分析问题和解决问题。[①]法律思维是根据法律能够做什么、可以做什么、不能做什么、禁止做什么的思考和推理。

第三,在程序中进行思考。法律对利益和行为的调整是在程序中实现的。正如马克思强调的那样,程序是法律制度的生命形式。失去了程序,法律就失去了生命。离开了程序也就没有法律制度可言。[②]法治原则要求人们必须通过合法的程序来获得个案处理的实体合法结果,因此,从法律的角度来思考问题,就应当强调程序合法的前提性地位,这意味着违反法定强行性程序的行为和主张,即使符合实体法的规定,也将被否定,从而不能引起预期的法律效果。

第四,充分说理。法律思维的任务不仅是获得处理法律问题的结论,而且,更重要的是提供一个能够支持所获结论的理由,特别是那些认同法律并依赖于法律的人们能够接受的理由。当一个待决法律问题有两个以上可能的法律结论时,就尤其如此——最终的结论是哪一个,完全取决于最好的理由是哪一个。

[①] 郑成良:《论法治理念与法律思维》,载《吉林大学社会科学学报》2000年第4期。
[②] 《法理学》编写组:《法理学(第二版)》,人民出版社2021年版,第176页。

(三)法律思维和大众思维的区别:苏格拉底为什么会被判死刑

苏格拉底审判首先是由501人陪审团审议裁定苏格拉底是否有罪。由于苏格拉底当时的言行为雅典贵族所不容,而他在法庭上完全没有悔意,因此,在判定苏格拉底是否有罪的问题上,陪审团很快就作出了多数决议:281比220,裁定苏格拉底有罪。裁定有罪之后,并不是必然被判死刑。按照雅典当时的法律,他可以要求某种较死刑为轻的处罚。如果苏格拉底能提出一种法庭认为适宜而可以加以接受的相当重的处罚的话,那是会对苏格拉底有利的。然而他提出来的却是处以30个米尼的罚金,这笔罚金,他的几个朋友(包括柏拉图在内)都愿意为他担保。但这种处罚太轻了,以至于陪审团大为恼怒,于是便以比判决他有罪时更大的多数判决他死刑。

历史学家劳伦斯·斯通指出,苏格拉底的行为更像是一个试图激怒公牛的皮卡多,而不是一个试图安抚陪审团的被告。那么,为什么要提出一个保证被拒绝的惩罚呢?斯通和其他人的结论是,唯一的答案是苏格拉底已经准备好赴死了。大多数陪审员认为,即使是更高的罚款,对不悔改的被告来说也太轻了。在最后的投票中,360名陪审员投票赞成死刑,140名陪审员投票赞成罚款。根据雅典法律,处决是通过喝一杯有毒的铁杉汁来完成的。苏格拉底就这样被判处死刑了。在西方文明史上,能与耶稣之死相提并论的恐怕仅有苏格拉底之死。劝人向善的苏格拉底因"亵渎神明"和"腐化青年"的罪名死于雅典监狱被历史铭记。判处苏格拉底死刑毫无疑问是历史上最大的冤案之一。但当时苏格拉底是被民主的逻辑判处死刑的。审判苏格拉底的主体,是501人组成的大陪审团——类似今天的议会。这种民主审判的方式,决定了控辩双方在审判过程中不可能遵循现代法律人所熟悉的以专业分工、职业主义为基础的"法条主义"风格。

苏格拉底案件是典型的用大众思维进行审判的案件。众人或民众的代表，是否有权用民主的权力进行审判呢？将民主的逻辑完全运用到法律中，会产生什么结果？

除了苏格拉底案件之外，与苏格拉底同一时期，古希腊还有一起涉嫌亵渎神明罪的案件，那就是妓女芙丽涅案。芙丽涅是古希腊有名的妓女，传言美神维纳斯就是以她为原型制作。有一次，在祭祀海神的节日里，芙丽涅借洗礼仪式之名，在公众场合裸体，蓝天碧海间，一道雪白美丽的身影出现在众人的面前，几乎所有人的目光都被她吸引。但是如此破格的行为让她因渎神罪受到了法庭的传讯，被告上了法庭。审判芙丽涅的，也和苏格拉底一样，是501人组成的大陪审团。但与苏格拉底不同，芙丽涅聘请了一位当时古希腊最有名的诡辩家希佩里德斯为自己辩护。希佩里德斯非常了解古希腊人的特点，他们是一个爱美的民族。为什么奥林匹克运动会发源于希腊？因为运动员被认为是最美的人。而且希佩里德斯也知道，501个陪审员绝大部分并没有见过芙丽涅本人，于是他采用了非常特殊的辩护方式。他让芙丽涅站在法庭中间，突然扯下她的衣服，让她裸身出现在陪审团面前，并对着在场的501位陪审团成员说："先生们，你们难道忍心让这样美丽的身体永远消失吗？"而这一幕也是画作《法庭上的芙丽涅》所记载的内容。最后，501人因为芙丽涅的魅力而宣判她无罪。

我们从这两个著名的案件可以看出，完全用民主的逻辑来审判，完全用大众的思维和审美进行法律案件的审理，有可能造成冤假错案。

法律思维和大众思维在多个方面存在区别，包括思维逻辑、价值取向、判断标准和决策方式。思维逻辑上，法律思维注重逻辑性和条理性，强调通过推理和证明来形成结论，而大众思维则更加随意和感性。价值取向上，法律思维强调普遍性和公正性，追求的是一种普遍接受的价值标准，而大众思维则更加注重个体差异和特殊性。判断标准上，法律思维依据法律规范和原则进行判断，强调的是合法性和合理性，而大众思维则更容易受到情感和偏见的影响。决策方式上,法律思维通过权衡利弊和风险来作出决策,注重的是效率和安全性,而大众思维则更容易受到群体影响和从众心理的影响。

二、法律思维的要素:如何像律师一样思考法理学的本质

(一)法律思维的要素:《悲惨世界》中的有罪与无罪

我们通常说,律师的想法和我们普通人不一样。那么,律师的思考逻辑是什么?其实,律师的思考逻辑与法律思维相关。首先,从维克多·雨果的经典文学作品《悲惨世界》中的案例来看一下法律思维是如何运用的。

在《悲惨世界》中,主人公冉·阿让是一个伐木工人的儿子,从小就成了孤儿。长大后失业,25岁时为了抚养姐姐的7个孩子而偷窃面包,被判苦役,中途三次越狱失败,共判19年。出狱后一直被探长沙威紧盯不放,后被米里哀主教感化而成为一个善人,隐瞒苦役犯身份化名马德兰,当上了市长。后来,他因救助别人暴露身份,重新遭到通缉,到处漂泊,受尽不白之冤,但仍乐善好施,满怀仁爱之心,收养了孤女珂赛特。最终在痛苦和孤独中度过晚年,临终时才得到亲友的理解。从道德角度看,

电影《悲惨世界》剧照

第八讲　法律思维

他幼时因偷窃面包供养外甥的行为是出于无奈,人们会对这样一个人充满同情。但从法律角度看,他的行为构成了盗窃罪。这个案例展示了即使在极端贫困和道德压力下,法律依然要求个人遵守规定。由此我们可以看到,对同一个事物用不同的思维去观察会得出不同的结论。道德思维是对善恶进行评判,而法律思维是对合法性与非法性作出判断。

因此,我们抽象出法律思维的第一个要素:它是一种合法性与非法性的判断。同时,判断的对象仅仅针对行为,而不包括思想。而道德判断的对象可以针对思想—人们为什么会对冉·阿让给予同情?就在于他偷窃面包的出发点是为了养活外甥,是好的出发点;但法律思维判断的是他的行为是否触犯法律。接下来需要思考一个问题:我们怎么样进行合法性与非法性的判断呢?

近些年有几起受到人们极大关注的偷逃税处罚案:某网络主播因偷逃税被杭州税务局罚款13.41亿元、某女明星被罚2.9亿元。明星涉税案件不是第一次上热搜了,细心的网友们发现,在2002年,有当年的知名女星因为1000多万元的偷税额被刑拘了422天。为什么当年1000多万元可能被判刑,现在上亿元也没被判刑呢?我们运用法律思维,首先应当想一想法律对这类案例是怎么规定的。其中的区别就在于法律的规定发生了变化。2002年时,根据《中华人民共和国刑法》第二百零一条的规定,只要偷税金额在1万元以上,或偷税比例在10%以上的,就已经构成了刑事犯罪。但在2009年,《中华人民共和国刑法修正案(七)》做了补充,在第二百零一条的基础上增加了一款:"有第一款行为,经税务机关依法下达追缴通知后,补缴应纳税款,缴纳滞纳金,已受行政处罚的,不予追究刑事责任;但是,五年内因逃避缴纳税款受过刑事处罚或者被税务机关给予二次以上行政处罚的除外。"因此,只要依法补缴了税款,就不涉及刑事责任了。

从这几个案例中,我们抽象出法律思维的第二个要素:它是以法律规范为准据的。法律思维的第三个要素,则是非常基础性的证据要素。很多案件的真相大白都是因为有了充分的证据。

我们以对证据的探究和推理而闻名的福尔摩斯系列故事为例,看一下证据是怎样影响案件的走向的。福尔摩斯系列故事中的《四签名》,讲述了一起涉及珍贵的阿格拉宝藏的复杂案件。故事开始于一位名叫玛丽·摩斯坦的女子向福尔摩斯求助,因为她收到了一封带有四个签名的神秘信件,而这封信似乎与她失踪多年的父亲有关。福尔摩斯为了破案,通过以下方式搜集和分析证据:

信件内容方面:福尔摩斯仔细检查了信件的内容和笔迹,注意到了特定的措辞和签名。

时间线索方面:他确定了信件发送的时间与玛丽·摩斯坦父亲失踪的时间之间的关联。

目击者陈述方面:通过与案件中其他人物的对话,福尔摩斯收集了关键的目击者陈述。

现场勘查方面:福尔摩斯对相关现场进行了仔细的勘查,寻找可能被忽视的线索。

通过这些证据,福尔摩斯逐步拼凑出案件的真相:玛丽的父亲和其他三人在印度服务时获得了一大笔宝藏。回国后,由于贪婪和背叛,其中一人策划了一起阴谋,导致玛丽的父亲和其他两人的死亡。阴谋家利用信件和签名来掩盖自己的罪行,并试图控制宝藏。至此,案件真相大白。

《四签名》(柯南道尔著,上海社会科学院出版社出版)

由此可见，证据是法律思维的另一个核心要素。在法律上，一切能够证明案件真实情况的事实都是证据。证据的合法性、真实性和相关性是判断案件的关键。

总体来说，法律思维的要素包括三个：第一，合法性与非法性判断；第二，以法律规范为准据；第三，以证据意识为基础。这样，我们就可以给法律思维下一个定义：法律思维是以法律规范为准据、以证据意识为基础进行的合法性与非法性判断。

（二）法律思维的运用：《我不是药神》中的守法困境

法律思维的要素梳理清楚后，我们还需要知道怎样具体运用法律思维。首先，我们应当按照前面所讲的法律思维的要素进行思考和判断。这也是法学中著名的三段论推理：法律规范是大前提，案件事实是小前提，我们据此作出的合法与非法性判断是结论。[①] 但是，我们一切都按法律规定来判断、遵守，但严格适用法律却可能会造成严重不公的结果，这种情形下我们应当怎么办？

这种守法与违法的困境，我们可以通过一起改编自真实案例的电影来了解。电影《我不是药神》改编自真实事件，该电影讲述了普通中年男子程勇经营着一家保健品店，不速之客吕受益的到来，让他开辟了一条去印度买药做"代购"的新事业。虽然困难重重，但他在这条"买药之路"上发现了商机，一发不可收拾地做起了治疗慢粒白血病的印度仿制药的独家代理商。本片改编自慢粒白血病患者陆勇代购抗癌药的真实事迹。现实中的陆勇在高药价的逼迫下，走上了海外代购国外仿制药的道路，他也通过网购的信用卡为很多病友代购了这种药物，被称为"抗癌药代购第一人"，因帮助病友购买廉价仿制药，他因涉嫌"妨碍信用卡管理罪"和"销售假药罪"被提起公诉。

---

① 陈波：《逻辑学导论》，中国人民大学出版社 2006 年版，第 135 页。

案件最终的结局让人感受到了法律和司法的温度。2015年1月27日，湖南省沅江市检察院对"抗癌药代购第一人"陆勇向法院撤回起诉。同年2月26日，沅江市检察院对陆勇作出不起诉决定：陆勇的行为在法律上可能构成"销售假药罪"，但从道德和人道主义角度看，他的行为是为了挽救生命。这一案例引发了关于法律与道德、法律与社会正义之间关系的广泛讨论。

在法律思维中，我们不能忽视法律规定，但同时也要考虑到行为人的具体情境和社会的普遍价值观。在陆勇案中，检察官最终决定不予起诉，运用了法理学中的期待可能性理论。期待可能性理论是指如果从行为时的具体情况看不能期待行为人作出合法行为，那么即使行为人作出了违法犯罪行为，也应当无罪。这一决定不仅体现了检察院对陆勇个人情况的同情，也反映了对法律规范背后精神的深刻理解。湖南省检察院副检察长卢乐云也在采访中表示："坚持司法为民，就是要把握住法的出发点、落脚点都是为人民的。陆勇案之所以倍受关注，聚焦核心就是民情的诉求。所以我们办案要体现司法为民，对人民负责，对事实负责，对法律负责。"因此，学习法律特别要注意避免落入任何事情不管结果都机械适用法律的陷阱。当严格适用法律会造成极端不公正的结果时，我们要运用法律原理去避免机械适用法律。法律人既要以法律为依据，又要通过法律原理，避免机械适用法律，避免落入法律思维的陷阱。

三、什么是法律中的事实：真相如何被反转

司法实践中我们会经常听到的一句格言：以事实为根据，以法律为准绳。那么，法律事实是什么呢？

（一）从电影《控方证人》看法律中的事实及真相反转

电影《控方证人》是一部经典的法庭电影，根据阿加莎·克里斯蒂

第八讲 法律思维

电影《控方证人》剧照

的同名小说改编而成。故事中的主要情节就围绕着"法律事实如何被反转"展开。电影讲述了美国人沃尔被控谋杀了一位富有的寡妇，以获取她的巨额遗产。伦敦著名的刑事辩护律师威尔弗雷德爵士尽管身体状况不佳，但仍然接下了这个案件。在案件审理过程中，沃尔的妻子克里斯汀意外地成为控方证人，指证沃尔确实犯下了谋杀罪。然而，克里斯汀的证词充满矛盾，使得真相变得扑朔迷离。随着审判的推进，威尔弗雷德爵士通过一系列精彩的法庭辩论和推理，逐步揭开了案件背后的惊人真相。在审判的最后阶段，威尔弗雷德爵士接到了一个神秘女人的电话，声称她掌握了克里斯汀写给情人的信件，这些信件成为翻案的关键。原来，在信件中显示，克里斯汀打算与他人私奔，所以想陷害沃尔。最终，沃尔被判无罪。这个时候，最反转的真相出现了：原来，那些所谓的情书是克里斯汀伪造的，她为了救沃尔而精心策划了这一切。当克里斯汀准备与沃尔庆祝时，却发现沃尔背叛了她，于是她在愤怒之下杀死了沃尔。威尔弗雷德爵士决定为克里斯汀辩护，展现了他对正义的执着追求。

在《控方证人》中，起初的法律事实看似明确，证据、动机以及沃尔自身的行为都使他成了最大的嫌疑人。但是在接下来的审理过程中，威尔弗雷德爵士却通过反驳证据、质疑见证人的可信度等方式，逐渐颠覆了这些原本确定的"法律事实"。电影的高潮部分在于，沃尔的妻子克里斯汀出现在法庭上作为证人，她的证词改变了整个案件的走向。而当克里斯汀的谎言和欺骗被揭穿后，法庭上的"事实"再次被颠覆。《控方证人》展示了在法律过程中"真相如何被反转"的主要方式。首先，对原有证据的反驳和质疑是最直接的反转方式；其次，新的、有力的证据（比如新的证人证词）的出现也可能改变案件的走向；最后，证人证词的可信度及其真实性也可能导致事实被反转。当然，所有这些反转都需要通过严谨的推理、细致的事实调查以及精确的法律应用来实现。

（二）法律中的事实概念

法律事实是法律规范所规定的、能够引起法律后果即法律关系形成、变更和消灭的因素。[①]事实是法律程序的基础和支撑，对于裁决案件的公正和准确具有重要意义。我们常说的"以事实为依据"，指的就是事实在法律思维中的基础性作用。但需要我们注意的是，客观事实与法律上的事实并不完全一致。

首先，法律中的事实是指在司法程序中经过证据的认定和法院的判断确定的事实，需要满足一定的法律要求和标准。而现实中的事实是指客观存在的事实，不受法律规定和程序的限制。

其次，法律中的事实必须通过证据的提供和认定来确立，包括书证、物证、证人证言等。法庭会根据法律程序对证据的合法性、真实性进行审查和鉴定。而现实中的事实可以是任何人所感知和体验到的客观情况。

最后，法律中的事实需要符合法律的定义和规定。法律对于某些特定事实有明确的界定和要求，比如合同成立的事实要求双方意思表示的

[①]《法理学》编写组：《法理学（第二版）》，人民出版社2021年版，第136页。

一致等。而现实中的事实则更加广泛和多样,不受法律规定的限制。

此外,法律中的事实对法律责任的产生和法律效果的发生有直接影响。法院根据事实认定案件的事实基础,并依法作出裁决或判决。而现实中的事实可能只是生活中的客观情况,并不直接涉及法律责任或法律效果。

(三)法律中的事实反转案例

法律中的事实及真相反转问题,也就是小前提不断变化如何影响法律思维的结论。有一个被称为史上最巧合的案件,形象反映了法律中的事实不断反转是如何影响法律判断结论的。案件发生在1994年3月23日,纽约的罗纳德·奥普斯从十楼跳下自杀,结果经过九楼时,被窗户射出的子弹当场打死。当时八楼正在施工,装了安全网,如果他不被子弹打中,可能不会摔死。根据法律,一般说来,一个人如果实施有计划的自杀并且最终身亡了,即使自杀过程发生变化未能如自杀者所愿,那么依法也应该认定这个人是自杀。可是,当警方对九楼射出的子弹进行调查后,案子的性质又有了变化。当时,九楼的一对老夫妻发生了口角,正在吵架,老先生拿出了一把枪恐吓老太太,后来又扣动了扳机,但是子弹没有打中老太太,而是从窗户飞出去击中了罗纳德·奥普斯。当老先生面临杀人罪的指控时,老先生和老太太都一致表示,他们俩当时都以为枪里面是没有子弹的。老先生解释说,用没有装子弹的枪恐吓老太太,是他许多年以来与老伴争吵时一直有的一种做法。他没有杀害老伴的意图。如果老两口的话属实,那么这就是一起误杀的案子。

问题的关键就是子弹是在什么样的情况下由什么人装进去的。警方在调查中找到了一名证人,这名证人证明在案发六周之前亲眼看到这对老夫妻的儿子往这把枪里面装了子弹。警方从更深入的调查中得知,因为老太太决定停止给成年的儿子经济支持,这个儿子怀恨在心,起了杀意。他知道他的父亲有用枪恐吓老太太的习惯,所以就给枪装了子弹,希望借父亲之手杀了母亲。此案就成了老夫妻的儿子对罗纳德·奥普斯犯下了杀人罪。警方在进一步调查后发现,这对老夫妻的儿子其实就是死者罗纳德·奥普斯本人。他由于借刀杀人之计一直没有得逞,心生沮丧,于是,在1994年3月23日这一天,他决定从十层高的楼顶跳楼自杀,然而却被从九楼窗户射出的子弹打死了。罗纳德·奥普斯自己杀了自己,所以此案最后仍被认定为是一桩自杀案。

按照这个结论,警方认为,子弹是罗纳德装上去的,老先生毫不知情,也就不需要负刑事责任。而罗纳德应该被指控谋杀罪。由于最终他谋杀了自己,这件案子不得不结案,最后被认定为一桩自杀案。

通过经典案例的分析我们可以看到,法律上的事实不同于客观真实。法律上的事实必须有相应的证据支撑。尽管它是以客观真实为基础,但如果通过法定程序无法认识或发现客观真实,那也只能根据目前合法程序所发现的证据来对事实作出判断。这也是法律上疑罪从无、无罪推定的重要基础——哪怕这个人事实上杀了人,但如果没有证据能够形成完整的证据链证明人就是他杀的,他就是无罪的。

四、法律语言:庭审语言与辩论

(一) 语言与法律语言

语言是人类进化过程中的关键性创造,语言和思维之间存在密切的关系,语言是人类表达和交流思想的主要工具,而思维则是个体运用语言进行思考、分析和推理的过程。一方面,语言对思维具有塑造和影响作用。不同的语言以及语言中的文化因素会使人们形成不同的思维方式和观念。例如,一些语言在表达时间和空间概念时更为精确,这也会影响使用该语言的人在时间和空间认知上的偏向。此外,一些语言中存在的词汇和概念的特殊性,也会对思维过程产生影响。

第八讲 法律思维

《人类简史》(尤瓦尔·赫拉利著,中信出版社出版)

《人类简史》的作者尤瓦尔·赫拉利曾说过,语言对人类思维最重要的塑造在于我们可以通过语言谈论一些并不存在的东西,如国家、民族、集体、宗教、信仰,而正是这些并不存在的东西,构建了人类的共同联想,使人类以远高于动物的进化速度,成为地球的主宰。同时,语言与思维之间存在相互依赖的关系。语言可以帮助人们组织和整理思维,通过语言,人们可以更清晰地表达自己的思想和观点。另外,思维也对语言的运用产生影响,人们的思维方式会影响他们在语言表达中的选择和偏好。

法律语言是语言中非常特殊的一类专业语言,它承载着法律思维的形式与外在表达。在法律语言中,法庭庭审语言又是其中最富有代表性的。

在《波士顿法律》第一季第十一集中,有一段法庭庭审辩论中的语言是这样的:

艾伦律师:法官大人,等一下,我的当事人不应该被捕。

没有证据。根据警方报告，死因未定，也没有证人。

控方：被害人证实被告杀了她。

艾伦律师：那是传闻。

控方：是被害人的遗言，属于传闻证据否定法的例外。

艾伦律师：遗言要被采用是立遗嘱人在做表述时，必须知道自己将要死去，而被害人被医生告知她可以活下去。她没想到过自己会死。

控方：即使这样，被害人指控自己儿子的罪行有侵犯她的利益，这也符合传闻证据否定法的例外。

艾伦律师：请看警官在此页底部记录和周围邻居的谈话，据反映被告经常被母亲羞辱，她将生活的不顺全部归咎于自己的儿子，你看这一次，又将自己撞破脑袋的事情算到了儿子账上。这不是有侵犯她利益的陈述，只是和往常一样。法庭不能采信。绝对适用传闻证据否定。

法官：你们只有受害人的陈述？其他什么也没有。被害人陈述不足以采信。对被告的控告驳回。

再如在《底线》中的法庭辩论语言如下：

审判长：下面由被告进行答辩。

被告委托诉讼代理人：答辩人与被答辩人之间签署的是经纪合同，属于平等民商事主体之间的合同关系，不存在劳动关系。收入来源不具备劳动关系下工资的特征。请求法院驳回所有诉讼请求。

审判长：被告是否对答辩变更或者增加？

被告委托诉讼代理人：没有。

> 审判长：当事人诉辩完毕，依照民事诉讼谁主张谁举证原则，由原告先举证。

通过上述庭审语言我们可以看到，法律语言通常使用严谨的措辞和特定的表达方式来传达法律意义。这些措辞和表达方式可能在非法律领域很少或不常见，因此对普通人来说可能难以理解。法律语言通常强调精确性和明确性，并遵循一定的规则和约定，以确保法律文件的解释和适用得到一致性和可预测性。法律语言还包括一系列的法律术语和定义，用于确立法律文件中特定概念和权利义务的含义。一些特定的法律术语，如正当防卫等法律特定术语都会经常出现在法庭庭审辩论中。这些法律术语经过精确定义，具有具体的法律效力和约束力。同时，法律语言也使用引用和解释规则、案例法等方式，以确保对法律规定的正确理解和适用。

（二）法律语言的定义与特点

法律语言则是指用于法律文件、法律条文和法庭程序中的特定语言形式和术语。与一般的日常语言相比，它具有专业性和技术性的特点。这种专业性与技术性，也是为了确保法律文件的精确性和一致性，以便对法律事务进行明确和准确的理解。在法律的殿堂中，语言不仅是沟通的工具，更是法庭辩论中取胜的利器。法律语言不仅仅是法律专业术语的堆砌，它更是一种精准、严谨、有说服力的表达方式。

法律语言具有以下特征：第一，准确性：使用精确的词汇和术语，避免歧义。第二，逻辑性：逻辑严密，条理清晰，使论点具有说服力。第三，权威性：引用法律条文和案例，增强论点的权威性。在庭审中，法律语言的作用至关重要：它通过明确表达，确保法官和陪审员或陪审团准确理解律师的意图。它不断强化论点，通过专业术语和逻辑推理，增强论点的说服力。它可以展现形象，展现律师的专业性和严谨性。

(三) 庭审语言及辩论技巧

庭审发言的基本原则主要包括以下几个：首先是尊重法庭：对法庭、法官、对方律师和证人保持尊重。其次是清晰表达：语言简洁明了，避免冗长和复杂的句子。最后是逻辑推理：按照逻辑顺序组织发言，使论点条理清晰。

庭审辩论的技巧与策略有以下几个方面：首先，开场陈述方面，要简要介绍案件背景和争议焦点；并提出论点，即明确提出己方的法律论点和主张；同时预示证据，预告将出示的证据和证人。其次，在举证质证环节中，向己方证人提问要直接面对事实，以建立事实基础；向对方证人提问，以揭示矛盾或削弱对方论点。再次，在法庭辩论环节，需要围绕法官概括的争议点展开辩论，尤其需要针对对方的主要论点进行反驳。最后，在总结陈词部分，需要总结论点，重申己方的主要论点和证据，并明确提出法律请求，如无罪释放、赔偿等。同时，如果需要以情打动人，可以由被告或当事人自己作一段陈述。

对上述技巧的运用，在经典电影《义海雄风》（*A Few Good Men*）中，法庭辩论的经典场景也生动揭示了庭审语言的力量和辩论技巧。《义海雄风》是一部 1992 年的美国法律剧情片，电影讲述了在美国海军基地发生的一起谋杀案，以及随后的军事法庭审判。影片中的法庭辩论场景，特别是丹尼尔·卡菲中尉与杰希普上校之间的对峙，是法律辩论的经典案例。在电影《义海雄风》中有一个片段是通过尖锐的提问，卡菲中尉揭露了"命令即是正义"这一错误观念背后的真相，展现了法律追求公正的本质。卡菲中尉在辩论中巧妙地结合了情感与逻辑，使得他的论点既有说服力，又能够打动人心。

中尉：上校，你在会上给肯德里克上尉下过命令是吗？
上校：我让肯德里克告诉他的手下不许碰圣地亚哥。

中尉：你是不是也给马金森中校下了命令？

上校：我命令马金森立刻将圣地亚哥调离基地。

中尉：为什么？

上校：我担心一旦信的内容泄露出去，他可能会有生命危险。

中尉：生命的危险？

上校：怎么可能不是？

中尉：上校，这是你和马金森联合签名的调令，命令圣地亚哥搭乘第二天早上6点的航班离开关塔那摩。那是最早的航班吗？

上校：是的。

中尉：你是今早乘飞机来华盛顿的对吗？我注意到你今天是穿着高级制服上的法庭。

上校：彼此，彼此，中尉。

中尉：你在飞机上也是这么穿的吗？

法官：请注意提问范围。

中尉：你刚才说，你曾命令肯德里克告诉他的手下不许碰圣地亚哥，但他是不是不清楚你的命令，有没有可能忽视这个命令，忘记这个命令，或者是离开你的办公室之后，把它当做耳旁风？

上校：你曾在步兵团服过役吗？

中尉：没有。

上校：曾经上过前线吗？

中尉：没有。

上校：我们要服从命令，知道吗？明白吗？

中尉：明白。既然你下了命令，而你的命令必须服从。那圣地亚哥为什么还会有危险？为什么他必须被调离基地？

上校：圣地亚哥是一名不合格的……

中尉：你刚才可没这么说，我念给你听。你说他可能会有生命危险，我说生命的危险，你说怎么可能不是？

上校：我明白我说的，你不用念给我听。

中尉：为什么有两项命令呢？

上校：有时候他们会自作主张。

中尉：你很清楚，他们不会自作主张。他们得服从命令，否则会出人命。

因此，法律语言是一种特定的专业语言，用于法律文件、法律条文和法庭程序中，以确保法律的准确解释和适用。它具有严谨性、专业性和技术性，并包含特定的法律术语和表达方式。而在法律语言的运用中，书面用法常见在各类法律文书中，口头法律语言的表达则在各种法律场合中出现，尤其是庭审中的语言运用与辩论。庭审语言和辩论的目的在于如何清晰、有力地展示观点，说服他人接受自己的论点。庭审语言中的每一个词、每一个句子，都需要精确到位，确保没有任何模糊地带可能导致误解。同时，语言应该简练并且逻辑清晰，无论是对证据的阐述还是论据的提出，都需要让法官或陪审员容易理解和接受。

第九讲　法律如何产生

从历史上看，关于法的起源存在各种学说和解释。如神意说，无论是中国古代的"君权神授"，或是西方历史上法律与宗教的分离，都用宇宙中某种主宰一切的神秘精神力量来解释王权和法律的形成，并以神的意志来论证统治秩序和法律强制的正当性，认为法律是上帝赋予人民的规则和原则。又如社会契约说，以霍布斯、洛克、卢梭等人为代表，认为法律的起源可以追溯到人们在社会中达成的一种契约，人们自愿放弃一部分个人权利来获得安全和社会秩序。

恩格斯则在《家庭、私有制和国家的起源》中提出，私有制的产生与国家的起源是同步的，都是阶级矛盾不可调和的产物。同时，恩格斯还指出了国家的产生与法律之间的关系，指出国家的形成与法律的发展也是同步的，法律的制定和实施需要国家的权力作为支撑。[1]

一、复仇与法律的产生

正如恩格斯所提出的那样，私有制和国家的出现是法律产生的决定性因素。那么，国家的出现对于法律来说，最大的变化或最重要的作用是什么呢？在法律产生之后，整体进行规范化、制度化的过程中，中西方都存在一种共同的现象或做法——复仇。复仇也是促进和形塑法律原则和制度的重要因素，而国家和法律的出现，本质上是一种对个人复仇

---

[1] 恩格斯：《家庭、私有制和国家的起源》，张仲实译，中央编译出版社2023年版，第170—174页。

的取代和终结。

（一）复仇的起源与形式

复仇是指一个人或群体受到伤害或不公正待遇后，自行寻求报复的行为。复仇行为自人类社会产生便随之发展，甚至有一些历史学家和生物学家指出，没有复仇能力的物种都会在自然选择中被淘汰或灭绝。因此，复仇也被认为是人类的生物学本能。[1]

远古时期，复仇指的是针对敌对行为或伤害做出的报复行为。在人类社会早期，复仇行为是一种常见的社会规范基础。圣经当中记载的"以牙还牙，以眼还眼"，就是对复仇形式的认可。那一时期，常见的复仇形式主要是血族复仇。如果一个成员被杀害，他的亲属或家族成员可能会以类似的方式寻求复仇，这种复仇行为被视为家族的责任，目的是通过报复来恢复家族荣誉和社会地位。如旧约圣经中所记载的亚伯和该隐的故事。该隐和亚伯是亚当与夏娃的孩子，该隐从事农业，而亚伯则从事养殖牲畜业。该隐嫉妒亚伯受到了耶和华的偏爱，于是将亚伯杀害了。耶和华发现了该隐的罪行后，欲使其成为游离者，四处流浪。该隐质疑

《该隐》 [法]费尔南多·柯尔蒙绘（图为流浪中的该隐一家）

---

[1] 穗积陈重：《复仇与法律》，曾玉婷、魏磊杰译，中国法制出版社2013年版，第29页。

耶和华的惩罚不公:"你的惩罚太重,我难以承受。如今你驱逐我离开,我四处漂泊,遇见我的人也一定会杀了我。"耶和华听后表示可以保护他,遂给他做了记号,说:"凡杀该隐者,必遭报七倍。"[①]

除血族复仇外,原始社会中还存在部落复仇。如果一个部落成员被另一个部落成员伤害或杀害,他的部落就会对袭击者进行报复。后来,随着原始部落解体,群体针对个体的复仇演变成了个体之间的复仇,即同态复仇。

在国家产生之后的相当长一段时间里,仍然允许复仇行为存在。如古代罗马的私刑系统,它允许个人或家族寻求对被伤害者的报复。希腊人、希伯来人、阿拉伯人、印度人,皆允许复仇。我国古代社会不仅允许复仇,甚至对一些特殊的复仇行为进行鼓励,流传着"不复仇、非子也"[②]的复仇思想。

(二)中西方关于复仇的经典戏剧

复仇行为若不加以限制,必然会给人类社会造成巨大伤害。中西方的复仇故事都以其巨大的代价,揭示了为什么人类最终会选择对复仇的本能进行克制,希望运用法律代替复仇。

中国历史上关于复仇的最经典故事非《赵氏孤儿》莫属。《赵氏孤儿》是元代纪君祥创作的传世名剧,记录了春秋战国时期赵氏与屠岸贾一家几十年的复仇故事。在春秋战国时期,晋国重臣赵盾被大将军屠岸贾陷害,全家三百余口被杀。时逢赵盾儿子赵朔之妻诞下一子赵武,将之托付于赵家门客程婴后自缢身亡。此时,屠岸贾急欲斩草除根,要将全国半岁以下、一月以上的婴儿杀绝。程婴走投无路之下找到了晋国退隐老臣公孙杵臼,并与公孙杵臼商定,用自己的孩子替代赵氏孤儿。后程婴假意向屠岸贾告发公孙杵臼私藏赵氏孤儿,屠岸贾信以为真,派人搜出婴儿,

---

[①] 参见圣经《创世纪》第4章。
[②] 王维堤、唐书文:《春秋公羊传译注》,上海古籍出版社2016年版,第48页。

当场刺死。公孙杵臼大骂屠岸贾后触阶而死。后来，程婴忍辱负重抚养赵氏孤儿长大成人，得知真相的赵氏孤儿杀死了屠岸贾，又将屠岸贾一家几百余口全部杀光，报了血海深仇。

《赵氏孤儿》的故事揭示了复仇的巨大代价：复仇没有赢家。可以设想，若屠岸贾也留有后代在世，若干年后或将引发新的复仇。正如苏力教授所说，复仇必须足够血腥、足够有破坏力、足够彻底，才能起到警示的作用，而且必须斩草除根，才能防止别人卷土重来。但也正是因为复仇的彻底性、滥伤无辜性，造成的社会破坏性太大了。

音乐剧《赵氏孤儿》剧照

西方社会同样流传着关于复仇的经典戏剧——《哈姆雷特》。丹麦王子哈姆雷特的父亲离奇死亡，其叔父克劳狄斯即位。父亲离世后不足一个月，克劳狄斯与哈姆雷特的母亲乔特鲁德结婚。后来，哈姆雷特得知父亲是被叔父克劳狄斯害死的，便决心复仇，最后与克劳狄斯同归于尽。复仇中，哈姆雷特同样付出了沉重的代价：错误地杀死了心爱之人奥菲莉亚的父亲波罗涅斯，被迫与其兄雷欧提斯进行决斗，母亲乔特鲁德也因误喝毒酒而死去。

《哈姆雷特》揭示了复仇与法律之间的紧张关系，在没有足够证据能够依法处理凶手的情形中，复仇可能成为一种迫不得已的选择，但同时也会引发更多的冲突和矛盾。在某些特殊情况下，法律可能无法公正及时地惩罚罪犯，导致求助于个人复仇的情况出现。但是，个人复仇通常超出了法律的范畴，具有不确定性和危险性，可能造成更大的破坏。

《哈姆雷特》剧照

这就需要我们深入思考：如何更好地处理复仇和法律之间的关系，以实现正义。

（三）复仇与法律的对立性

复仇行为往往基于人们对不正义或所受到伤害的个人感知，但这种感知可能会因个人经验、价值观以及情绪的影响而大相径庭。在行为者眼中，他们的复仇行为或许是公平且合理的，但并不意味着在社会大众的眼中同样如此。

法律作为社会共识的产物，它代表的是一个社会对于公平与否、对与错等问题的共同理解和约定。法律的实施更是通过特定的机构来进行，如法院、警察等，这些机构适用明确的规则和程序，而不是个人的情绪与感觉。换言之，法律的目标是提供司法公正、保障公民权利、维持社会秩序等，而非满足个人的复仇欲望。

简而言之，复仇通常带有个人情感色彩，往往不受社会控制，且可能会产生含义更多的冲突；法律则是设定了一种规范，需要公平的判断和执行，而不是基于个人的感觉或冲动。

可见，法律不仅反映了我们对复仇的思考，也反映了我们对公平、公正、尊重和冲突解决等一系列更深层次问题的思考。可以说，尽管复仇和法律之间具有某种关联性，但它们本质上是完全不同的。

（四）复仇与法律的关联性

在早期没有建立起完善法律制度的社会，复仇往往是处理冲突和争端的主要手段。这种"以牙还牙、以血还血"的方式，从某种角度上看，是一种原始的、粗糙的"公平"形式。在缺乏足够强大的政治力量去维系社会公平正义的时候，采取复仇这种私力救济的方式是被容许的。可以说，复仇行为源自人类的本能，它是一种报复冤屈和寻求公平的方式。但随着社会的进步和文明的发展，人们逐渐意识到，这种解决方式不可避免地导致了恶性循环的复仇链，社会冲突无法得到有效解决，甚至愈演愈烈，故而需要建立一种共同认可的公正准则来处理冲突和维护社会秩序。

回顾人类社会发展以及无数文学作品中关于复仇的故事记载，我们发现，复仇与法律产生之间联系紧密，或者说，法律是基于对复仇巨大破坏性的一种限制而产生的制度。

为了打破复仇的恶性循环，人们开始尝试制定规则和制度来公正地解决冲突和争端，这便是法律最初的萌芽。与复仇相比，法律是一种更加公正、有序的冲突解决方式。它是由立法机关制定并由国家强制执行的规则和制度，通过司法系统来判定冲突当事人之间的权利和义务，并作出公正的裁决，维护社会秩序、保护公民的权益和福利。

时至今日，法律已经发展成为一个深入人心、被广泛接受的公正裁决机构和社会新秩序的维护者。可以说，法律在一定程度上是为了限制个人对复仇的自行权利，将处理争端的权利委托给中立的第三方，在避免复仇链恶性循环的同时，也保证了公平、公正和社会稳定。

二、看客的盛宴：人类酷刑与法律的关系

（一）人类酷刑的起源与典型方式

酷刑（torture）一词源于拉丁语"torquere"（扭曲之意），第13版《不列颠百科全书》将其解释为"对变态的才智所设计的造成疼痛的众多方式的一种统称"。酷刑最早只适用于奴隶，后来很快便扩展为政治专制的工具。具体来说，酷刑是对犯罪嫌疑人或者囚犯进行折磨，以达到审讯、惩罚或者威慑的目的。在人类历史上，酷刑大量存在于非法庭审讯过程中，主要目的是通过身体痛苦迫使犯罪嫌疑人承认罪行。[1]然而，这种手段往往无法得到真实和准确的信息，因为被折磨的人处在极度痛苦中，会说出他们认为刽子手想听的任何话。

以下是历史上一些典型的酷刑方式：水刑，逼迫犯罪嫌疑人喝大量的水，逐渐扩张其胃部，使其产生剧痛感；铁处女，在铁制的箱子里放入尖锐的铁钉，当犯人被关进去时，铁钉就会插入其身体；拉弓刑，是将犯人身体的上下两端拉至极限，然后用刀刃把脖子割断。

（二）酷刑的政治功能

唐纳利认为，一个简单的野蛮行为与完全的酷刑之间的主要区别，就是有无更高权力机构的授权，这种更高权力机构授权的逻辑就是政治——只有人类才有的一种独特现象。[2]加缪曾说："政治或国家的核心权力是合法杀人的权力。"莫言在文章《打人者说》中表述："人和动物的根本区别在于，人，可以对同类施以酷刑。"而酷刑，正是传统政治权力的典型表现。

为什么政治权力或统治者会需要酷刑？福柯在《规训与惩罚》中讨

---

[1] 王光贤：《"酷刑"定义解析》，载《国家检察官学院学报》2002年2期，第13—18页。
[2] 马克·P.唐纳利，丹尼尔·迪尔：《人类酷刑简史》，中国友谊出版公司2018年版，第23页。

论了这个问题。他认为，政治权力的核心诉求是统治的服从，没有什么比公开、残酷地惩罚那些可能挑战统治权威的对象更能让民众惧怕的了。在惩罚戏剧中，需要建立的是一种能够被感官直接领悟的、可以作为简单计算的基础的关系，即一种合理的惩罚美学。① 实际上，维持着这种酷刑实践的并不是示范经济学，而是一种恐怖政策，即用罪犯的肉体来使所有的人意识到君主的无限存在。

米歇尔·福柯（1926—1984），法国哲学家

唐纳利和迪尔在《人类酷刑简史》中详细探讨了酷刑的作用。首先，酷刑是一种使领袖受民众欢迎的有效手段：它会通过描述这种含糊的、莫可名状的威胁来恐怖气氛，然后着手逮捕、拷打和处决尽可能多的阴谋分子以摧毁威胁。当然，这种威胁不可能真正被消除，因为它自始至终就不存在，或者因为一旦"敌人"不复存在，那么领导人可能会失去对权力的掌控。其次，当酷刑被用作一种惩罚手段时，一

《人类酷刑简史》（马克·P. 唐纳利、丹尼尔·迪尔著，中国友谊出版公司出版）

---

① 包亚明：《权力的眼睛：福柯访谈录》，严峰译，上海人民出版社1997年版，第159页。

定会奏效。它或许不能阻止其他人犯罪、减缓不断增长的犯罪率，亦不能改造受惩罚的人，但是在依法进行惩罚这个意义上，它完全起到了应有的作用，而且几乎在每个案例中，惩罚都是在大庭广众之下进行的，政府需要给予民众一种持续的信念：他们的政府是在"严惩犯罪"。①

（三）《檀香刑》中的看客心态

莫言在小说《檀香刑》中讲述了一段关于酷刑的故事。清朝末期，德国人计划在胶东半岛修建胶济铁路。由于铁路需要从山东高密东北乡穿过，村民们怕铁路破坏当地的风水，却敢怒不敢言。更为不幸的是，村民孙丙失手打死了调戏他妻子的德国人，遭到了德国人的疯狂报复，杀害了包括孙丙妻子儿女在内的几十口村民，并要求县衙立即逮捕孙丙。后孙丙被捕，时任山东总督的袁世凯为了在洋人面前严惩肇事者，并且杀一儆百，决定对孙丙执行一种特别残酷的刑罚，确保孙丙行刑后能活个四五天，一直到胶济铁路通车当天才死，这便是"檀香刑"。

歌剧《檀香刑》剧照

---

① 马克·P. 唐纳利，丹尼尔·迪尔：《人类酷刑简史》，中国友谊出版公司2018年版，第33页。

究竟什么是"檀香刑"呢?就是把檀香木削成宝剑的形状,然后放进香油里煮,煮的过程中加入一些面团和生牛肉,三至五天后,等檀香木充分吸收谷物和肉食的香气,此时的檀香木会变得柔韧结实且香气扑鼻。然后,让犯人俯趴在条案上,并用檀香木从犯人的肛门处插入身体,或从喉咙穿出,或从脖子后穿出。在这个过程中,檀香木避开了犯人身体里面的重要器官,因此犯人不会立刻毙命。如果犯人活不到指定的天数,刽子手还会给犯人喂参汤来续命,最终让犯人看着自己的身体腐烂生蛆,直至死亡。

除了统治者需要酷刑,民众也需要观看酷刑。酷刑是一种公共奇观,无论是法国大革命时巴黎人民万人空巷看断头台行刑,还是在菜市口刑场被围观的群众当作精彩大戏看的"六君子之死",围观者都不会满足于快速地处决,而是津津有味地看着同类被残忍杀害。围观者怀着永不满足的好奇心来到刑场,观看真实的受难场面,在这里,他们能够发现有罪和无罪,过去和未来,人间和永恒的秘密。正如福柯所言,观众所感兴趣的是揭示真相的时刻:每一个词语、每一声哀嚎、受难的持续时间、挣扎的肉体、不肯离开肉体的生命,所有这一切都构成了一种符号。

"六君子之死"中围观的看客是鲁迅批判的重点对象,因为他们代表了人性中麻木和残忍的一面。为什么人性中会有如此残忍的一面,为什么他们会对自己同类遭遇的非人待遇津津乐道?唐纳利认为,是因为一旦确定了"敌人",民众就会相信他们不仅是文明延续的直接威胁,而且在某种程度上还缺乏人性。[①]一个民族对酷刑越是司空见惯,对它就越能容忍。不管人们是否善良或者是否接受过良好的教育,当他们被要求这样做时,都有可能做出可怕的事情。像本丢·彼拉多一样,我们双

---

① 马克·P.唐纳利,丹尼尔·迪尔:《人类酷刑简史》,中国友谊出版公司2018年版,第21页。

手沾满了无辜者的鲜血,无动于衷地看着事情沿着可怕的路径发展至尽头。我们不是凶手,因为有其他人批准了我们的行动。但是,整个历史上有几个人会承认自己是凶手呢?

莫言书中对看客心态这样描述:"乡亲们,好戏还没开场呢,你们就看傻了,等明天好戏开了场,你们怎么办?有咱家这样的乡党,算你们有福气。要知道天下的戏,没有比杀人更精彩的;天下的杀人方式,没有比用檀香刑杀人更精彩的;全中国能执檀香刑的刽子手,除了咱家还有何人?因为有了咱家这样的乡党,你们才能看到这全世界从来没有过今后大概也不会再有的好戏了。这不是福气是什么?让你们自己说,这不是福气是什么?"

在看客心态这一点上,中西方是比较相似的,《人类酷刑简史》里也记载了法国大革命时看客们的情形:"当法国恐怖统治的当局把国王路易十六和王后玛丽·安托瓦妮特推上断头台的时候,台下民众的反应几乎一模一样,可是二者的原因却不同——路易十六为他们所恨,玛丽·安托瓦妮特为他们所爱,不过两次行刑都让民众们陷入狂热兴奋之中。施刑人享受他们工作的一个原因——疼痛是令人兴奋的、上瘾的,使得酷刑在历史上变得极为普遍和危险。"

(四)法律对酷刑的禁止

所幸的是,酷刑已经成为过去式。进入现代社会,多数国家和地区都通过法律严禁使用酷刑,以保障公民的基本人权和生命安全。1764年,贝卡利亚在出版的《论犯罪与刑罚》一书中,首次提出了废除肉刑、酷刑,用自由刑取代肉刑惩罚的主张,构成了近代刑法的基本原则。[①]18至19世纪,欧洲逐渐废除了酷刑,转而用自由刑取代了肉刑。1948年,联合国大会通过的《世界人权宣言》明确指出:"任何人不得加以酷刑或施

[①] 切萨雷·贝卡里亚:《论犯罪与刑罚》,黄风译,北京大学出版社2008年版,第18页。

以残忍的、不人道的或侮辱性的待遇或者惩罚。"1975年,联合国《保护人人不受酷刑和其他残忍、不人道或有辱人格的待遇或处罚宣言》也规定了禁止酷刑的具体措施。

如今,在合法的政治体制里,凌迟、檀香刑这样残忍的刑罚是绝对禁止存在的,酷刑更多只能苟存于恐怖活动之中。但正如福柯所言,酷刑的结束,意味着惩罚景观的旧伙伴——肉体和鲜血——隐退了,一个新角色戴着面具登上舞台。一种悲剧结束了,一种喜剧开演了。这是一种影子表演,只有声音没有面孔,各种实体都是无形的。[①] 但我们却被另一种权力,即纪律所规训。各种纪律的出现,标志着个人化的政治轴心被颠倒的时代。

三、中国古代法律的特点

(一) 中国古代法律体系的特征

据史籍记载,中国最早的成文法典可能是夏朝的《禹刑》,但《禹刑》的具体内容已无从考证。商朝和周朝也分别制定了《汤刑》和《九刑》,这些成文法典促进了当时社会经济的发展和社会秩序稳定。《法经》是中国古代比较系统、完整的成文法典,它的体例和内容为后世封建时期成文法典的完善奠定了重要基础。《法经》共分为六篇,包括《盗法》《贼法》《囚法》《捕法》《杂法》《具法》,涉及了当时社会的多个方面。到了唐代,集立法技术大成的《唐律疏议》被认为是中国古代法律体系中最完整的法典,对后世及周边国家产生了深远的影响。到了清代,《大清律例》也是中国传统封建法典的集大成者,直到1971年在香港地区仍有部分条例被使用。

---

① 福柯:《规训与惩罚》,刘北成、杨远婴译,生活·读书·新知三联书店2012年版,第17—18页。

中国古代法律体系历史悠久，结构复杂，并具有独特的特点。

第一，法律形式上，中国古代法律体系以律、令、格、式等为主要法律形式。其中，"律"是最主要的法律形式，相当于现代的刑法；"令"则包括国家的行政法规；"格"和"式"则涉及具体的行政规章和司法程序。

第二，在内容上和体例上，体现了重刑轻民、诸法合体的法律传统。在中国古代法律体系中，刑事法律的地位远高于民事法律，民事法律往往被纳入刑事法律之中，各种法律形式与法典编纂形式作为成文律典的补充。如中国历史上第一部系统性的刑法《吕刑》，反映了西周时期的法律思想和制度。《吕刑》的核心思想是"明德慎罚"，即通过德治来辅助刑罚，强调治理国家时应当明德以怀柔，慎罚以威慑。它体现了德刑并用的治国思维，直接影响了后世的法律构建。

第三，专制性与宗法性。专制性体现在古代法律制度的集中性和规定的严厉性，而宗法性则体现在古代法律与宗法的紧密联系，维护着宗法家族的稳定和利益。

第四，儒家思想的绝对统治。儒家伦理或宗法伦理内化在古代法律之中，并在精神和原则上支配着古代法律的变化和发展。同时，法律也不仅是规范行为的工具，更是传递和弘扬儒家伦理价值的载体。儒家一些伦理思想在很多朝代直接成为法律规则，如"亲亲得相首匿"。

（二）中国古代司法实践

中国古代的司法实践具有深厚的历史底蕴和独特的文化特色。从西周到清朝，中国的司法制度经历了漫长的发展过程，形成了一套以儒家伦理的法律化为特征的司法实践方式。

1. 汉代董仲舒《春秋决事比》的司法实践

《春秋决事比》起源于汉代，由董仲舒首次提出并实践，是古代法律伦理化的经典代表著作。董仲舒在审理案件时，不依赖已有的法律条文，而是运用儒家经义，特别是《春秋》中的"微言大义"来判决案件。

这种审判方法被称为"春秋决狱",其核心是"原心定罪",即根据犯罪人的主观动机来定罪和量刑。董仲舒在《春秋决事比》中举了四个例子,说明如何运用《春秋》及儒家伦理精神进行判案。

案例1:甲没有儿子,拣了一弃婴乙作为养子。乙长大后杀了人,甲把乙藏了起来。如果按照当时法律,藏匿犯人是要受重刑的,但董仲舒认为,根据《春秋》中"父子应当相互容隐"的精神,父亲藏匿儿子的行为不应受到惩罚。

案例2:甲把儿子乙送给了别人,儿子长大后,甲对他说:你是我儿子。结果乙一气之下打了甲二十棍子。按照法律,殴打父亲是要处以死刑的,但董仲舒认为甲生了儿子不亲自抚养,父子关系已经断绝,所以乙不应被处死刑。

案例3:父亲和别人因口角发生斗殴,对方用刀刺父亲,儿子拿棍子相救,结果误伤了父亲。有的官吏认为儿子犯了殴打父亲的重罪,要按律处死,但董仲舒根据孔子的观点,认为儿子的动机不是打父亲,所以应免罪。

案例4:一位女子的丈夫坐船时不幸淹死海中,无法找到尸体安葬。四个月后,父母将这个女子改嫁。按照法律,丈夫没有埋葬前,女子不能改嫁,否则处死,但董仲舒认为女子改嫁不是淫荡,也不是为了私利,所以应免罪。

2. 清代于成龙断"冯婉姑抗婚案"

冯婉姑与钱万青相爱并私订终身,但冯婉姑的父亲冯汝棠因贪慕富贵,将女儿另许配给了富家恶少吕豹变。在迎亲之日,冯婉姑不从,被吕家强行抬去。拜堂之时,冯婉姑刺伤了吕豹变并逃到县衙请求保护。钱万青也到县衙起诉冯汝棠悔婚。当时任知县的于成龙在审理案件时,充分考虑了冯婉姑的意愿和情感,最终判决她与钱万青的婚姻有效,并对冯汝棠和吕豹变进行了惩罚。

第九讲　法律如何产生

于成龙的裁判文书如下：

> 关雎咏好逑之什，周礼重嫁娶之仪。男欢女悦，原属恒情。夫唱妇随，斯称良偶。钱万青誉擅雕龙，才雄倚马；冯婉姑吟工柳絮，凤号针神。初则情传素简，频来问字之书；继则梦隐巫山，竟作偷香之客。以西席嘉宾，作东床之快婿，方谓情天不老，琴瑟欢谐。谁知孽海无边，风波忽起。彼吕豹变者，本刁顽无耻，好色登徒；恃财势之通神，乃因缘而作合。婢女无知，中其狡计；冯父昏聩，竟听谗言。遂以彩凤而随鸦，乃使张冠而李戴。婉姑守贞不二，至死靡他，挥颈血以溅凶徒，志岂可夺？排众难而诉令长，智有难能。仍宜复尔前盟，偿尔素愿。月明三五，堪谐凤世之欢；花烛一双，永缔百年之好。冯汝棠贪富嫌贫，弃良即丑，利欲熏其良知，女儿竟为奇货。须知令甲无私，本宜惩究。姑念缇萦泣请，暂免杖答。吕豹变刁滑纨绔，市井淫徒，破人骨肉，败人伉俪，其情可诛，其罪难赦，应予杖责，儆彼冥顽。此判。

我们将于成龙的裁判文书与当代法院的判决文书进行对比，很容易就看到其中的区别：古代的裁判文书可以直接用儒家伦理进行裁判，与法律规范等法教义学的基本要求无关。

3. 包拯审"敲鼓案"

北宋时期，一位事主因为一顶乌纱帽失窃，来到官府门前敲响堂鼓，请求官府审理此案。根据当时的司法程序，百姓若遇有紧急或重大的冤情，可以敲响官府门前的鼓，以此方式请求官员立即受理案件。包拯作为当时的知县，接到报案后，立即开庭审理。包拯在案件审理过程中，通过仔细询问和调查取证，发现事主所提供的失窃情况与实际案情存在诸多矛盾。经过深入调查和推理，包拯最终断定，事主实际上是因为私人恩怨而故意诬陷他人，试图利用司法程序来达到个人报复的目的。

以上案例体现了法律与儒家伦理的紧密结合，展示了敦本务实的法律执行者在处理家庭关系与社会矛盾时的灵活性和人性化以及他们的司法理念和为民服务的精神。当然，过于强化"无所不能""无所不晓"的青天，强化审判者在上的权威作用，一定程度上也会陷入程序、证据的"虚无主义"。

（三）中国古代法律对当代法治建设的启示

一是法治与德治相结合。在法治建设中，应当兼顾法律规范和道德教化，实现法治和德治的有机结合。道德在任何时代均不可或缺，其作为法律与法治的伦理基石与正当性来源，对法治国家建设非常重要。缺乏良好道德不仅阻碍法治建设，还增加其运行成本。法治需要以坚实的道德基础作为支撑，以防单纯法治引发的社会危机。当然，倡导德治并非"以德代法"，而是强调社会主义道德的重要性，与法治并行不悖，共同促进社会和谐。

二是人性化的司法实践。在司法实践中，应当考虑行为人的主观动机和社会背景，对具体情况作具体分析，既遵守一般要求又体现个别化，符合案件事实、情节、执法对象本身的情况。为此，法律设定了自由裁量权，旨在使执法机关能够按照合理而公正的原则作出正确的选择和判断，从而更加准确地贯彻法律的意图，体现公正的要求。但仍需注意的是，自由裁量权不等于任意裁量权，同样也要受到制约和监督。

三是保护个人权利。在处理家庭和社会关系时，法律应当尊重个人的意愿和情感，保护个人权利。法律对作为主体的人的肯定，就是对人的独立且平等的人格与人的尊严的尊重。法律的来源、法律运作的各个环节以及法律的根本目的都基于人本身，并以人的正当利益和自由意志为关注焦点，以人的理想生活为直接目标。

四是强调证据的重要性。在司法实践中，应当强调证据的重要性，保障审判的公正性。证据的获取与应用必须遵循法律规定和程序规范。例如，证据的收集和保管过程必须合法，以确保其完整性和可信性。同时，证据还必须满足法律的证明标准，即能够证实或否定争议事实。这些规范和要求的设置，目的是确保证据的合法性和可信度，从而为法庭提供准确和公正的裁决依据。

四、清末法制改革

清朝末年的法制改革不仅是法律制度的更新，更是中国社会从传统走向现代化的重要标志。在这一过程中，中国法律体系经历了从传统到现代的转型，不仅涉及法律条文的变更，还包括法律观念、司法实践以及法律教育的深刻变革。

（一）清末法制改革的历史背景

清末法制改革的背景盘根错节。第一，外部压力是清末法制改革的直接诱因。19世纪中叶以来，西方列强的侵略迫使清政府不得不面对国家主权和领土完整的严峻挑战。在不平等条约的束缚下，清政府逐渐认识到传统的法律制度已无法适应国际社会的要求，也无法维护国家和人民的利益。第二，内部危机也是推动清末法制改革的重要因素。晚清时期，中国社会矛盾激化，民间矛盾和冲突频发，传统的法律制度和司法实践已无法有效解决这些问题，社会对法律改革的需求日益迫切。

（二）清末法制改革的特点

第一，借鉴西方法律。清末法制改革大量借鉴了西方的法律制度和法律理念，尤其是大陆法系国家的法律。这种借鉴既体现在法律条文方面，也体现在司法制度和法律教育方面。

第二，改革的渐进性。尽管清末法制改革试图一步到位实现法律现代化,但由于传统观念的根深蒂固和实际操作的步履维艰,改革的过程充满了曲折和妥协,多数改革措施在实施过程中仍需要不断地调整和完善。

第三,改革的不彻底性。由于受到某些内外部因素的阻碍,清末法制改革并未彻底改变中国传统的法律体系和社会秩序。许多传统的法律观念和司法实践仍存于民间,新法律的实施效果整体受阻。

(三)清末法制改革的主要内容

清末法制改革的主要内容聚焦于刑法、民法及诉讼法等方面。其中,刑法改革尤为突出,其核心是废除传统的肉刑,引入西方的监禁刑。

1. 刑法改革

清末刑法改革的核心是《大清新刑律》的颁布。该法典废除了传统的笞、杖、徒、流、死五刑,改为死刑、徒刑、拘留、罚金等主刑,并设立了褫夺公权和没收财产的从刑。这一改革标志着中国刑法从传统的肉刑向近代的自由刑转变,体现了对人权的初步尊重。

2. 民法改革

民法改革主要体现在对传统家族制度的调整和财产权的保护。例如,改革试图打破家族共同财产制,引入个人财产权的概念;对婚姻、继承等方面作出调整,使之更加符合现代社会的需求。

3. 诉讼法改革

诉讼法改革着重于建立现代的司法程序和诉讼制度。包括设立法院、规范诉讼程序、保障当事人的诉讼权利等,以提高司法公正和效率。

(四)清末法制改革的影响

清末法制改革对中国法律史和社会变革影响深远。

第一,清末法制改革重构了当时的法律体系框架。清末法制改革标志着中国开始摒弃传统的以儒家伦理为核心的法律体系,转而吸收和借鉴西方近代法律思想与制度,如刑法、民法、诉讼法等领域的法律原则和制度被逐步引入，初步构建了近代化的法律体系框架。这一过程不仅丰富了中国的法律内容，也推动了法律观念的现代化。

第二，清末法制改革增强了民众法律意识。在传统社会中，民众往往缺乏法律意识。而清末法制改革通过明确界定和保护个人权利，如财产权、人身自由权等，使民众逐渐认识到法律的重要性，开始关注自身的法律权益，法律意识显著增强，为后来的民主革命和社会变革奠定了思想基础。

第三，清末法制改革为中国的法制建设奠定了初步的基础。随着法制改革的推进，法制理念逐渐在中国社会传播开来，人们开始认识到法制对于维护社会稳定、保障公民权利的重要性。晚清政府对司法机构进行了大刀阔斧的改革，虽然受限于当时的历史条件，但这一尝试无疑为现代司法体制改革提供了宝贵的经验。

（五）传统法律体系走向分崩离析：末代皇帝离婚案

末代皇帝溥仪与文绣的离婚案是中国历史上首个请求和皇帝离婚的案件。1922年，末代皇帝溥仪迎娶了文绣，并按照清朝皇室旧制册封她为皇妃。然而，1931年8月，文绣在胞妹的协助下，毅然离开了溥仪位于天津的居所。之后，她通过报纸公开宣布要与溥仪解除婚姻关系，并委托三位律师向法庭递交诉状，详细列举了离婚缘由：控诉溥仪对文绣实施精神虐待，致其无法继续忍受；加之溥仪身体有恙，九年婚姻生活中，文绣未得丝毫夫妻之实。鉴于此，坚决要求离婚，并

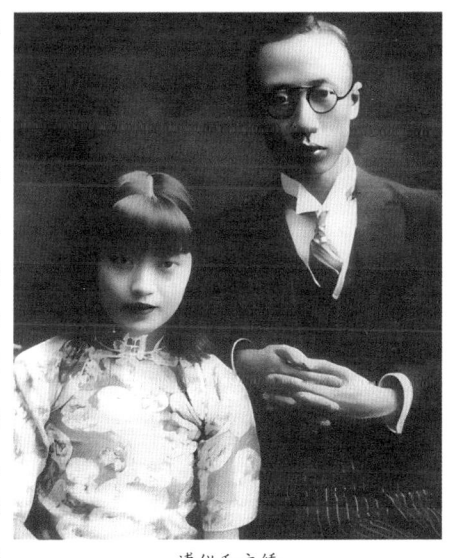

溥仪和文绣

请求归还个人财物及索取五十万元赡养费。这一事件迅速发酵,使得溥仪成为历史上首位遭遇"被离婚"境遇的皇帝,其个人健康方面的隐私也被迫公之于众。历经两个月的激烈谈判与心理拉锯,溥仪在愤怒和疲惫中妥协了,同意一次性支付给文绣五万五千元作为赡养费,并于同年10月22日正式签署了离婚协议书。此事件反映出了20世纪初期中国封建主义婚姻与近代婚姻的观念冲突,一定程度上也标志着传统的以皇权为基础的法律体系走向分崩离析。

清末法制改革是中国近代法律史上的一次重要尝试,它不仅对中国的法律体系产生了深远的影响,也对中国社会的现代化进程起到了推动作用。然而,由于种种原因,这次改革并未能彻底完成预定目标。在回顾这段历史的同时,我们更应当思考,如何在继承和借鉴传统法律的基础上,发展出更加适应现代社会需求的法律制度。

五、为什么所有的社会进步都是从身份到契约的运动

在探索法律与社会发展的关系时,我们不可避免地会遇到一个核心议题:社会进步的本质是什么?英国法学家亨利·詹姆斯·萨默赛特·梅因在其著作《古代法》中提出了一个具有里程碑意义的观点:"所有的社会进步都是从身份到契约的运动。"[①]这一观点不仅揭示了社会变迁的普遍规律,而且对我们理解法律在社会进步中的作用具有深远意义。

(一)身份社会的特点:《唐顿庄园》中的遗产继承制

在古代中国的封建社会中,个人的社会地位和权利是由其出生时的身份决定的。士农工商的等级制度是固化的,这种身份的划分不仅影响了个人的经济地位,还决定了其在社会中的权利和义务。例如,士族享有特权,而农民则受到严格的束缚。这种身份的固定性限制了社会的流

---
① 梅因:《古代法》,沈景一译,商务印书馆1959年版,第97页。

第九讲　法律如何产生

动性和社会成员的自由选择。以宗法制度下的家族继承为例，在古代中国，宗法制度是社会结构的重要组成部分，家族财产的继承权严格遵循嫡长子继承的原则，无论嫡长子的才能及其他兄弟的贡献如何。这种基于身份的继承制度虽然维护了宗法社会的超级稳定性，但客观上也限制了财产的合理分配和利用，阻碍了社会的经济发展。

中世纪的欧洲同样是一个身份决定一切的社会。贵族与平民、教会与教众、领主与农奴之间的关系都是基于身份决定的。身份不仅决定了一个人的社会地位，还决定了其法律地位。在这种社会结构中，个人的权利和义务是由出生时的身份所决定的，而非个人的能力或成就。可以说，整体欧洲封建社会的法律，是以保护贵族权利为目标的。

以反映英国上层贵族生活的英剧《唐顿庄园》为例，这部英剧非常深刻地反映出英国的等级社会特点一直到20世纪初期仍然非常显著。《唐顿庄园》讲述了英国国王乔治五世在位时期，唐顿庄园的格兰瑟姆伯爵一家因家产继承问题而引发的种种纠葛和摩擦。伯爵罗伯特·克劳利夫妇婚后只育有三个女儿，但依照法律，格兰瑟姆伯爵的头衔及产业只能

唐顿庄园

由男性继承人继承。为什么英国规定的长子继承制会沿袭那么长的时间？为什么法律要规定如果一个大贵族没有儿子作为后代，他的所有土地和财产都要由他家族里的男性继承人继承？我们如果用今天的角度来看待这一法律会很难理解，但如果把它看作一个等级社会为了维护贵族阶层的利益就清楚得多了：规定由长子或男性继承人统一全部继承，就可以避免土地被分割，使得这一家族永远拥有广大的土地，永远可以形成对国王的制约。相反，如果实行几个儿子平均分配继承土地的方式，甚至女儿也有平等的继承权，只需要两三代，全国都没有几个大贵族了。

（二）契约社会是现代社会的基本特点

1. 现代中国的契约社会

改革开放以来，中国社会逐渐由身份社会转变为契约社会。在就业领域，人们不再仅仅以个体身份进行交往，而是通过签订劳动合同来建立雇主与雇员之间的法律关系。这种转变体现了对个体自由意志的尊重和对个体权利的保护，同时也促进了社会经济的发展和多元化。以劳动合同制度为例，现代中国社会中，《中华人民共和国劳动合同法》的实施保障了雇员的合法权益，同时也为企业提供了灵活的用工机制。雇员可以根据自己的意愿选择工作，而企业则可以根据自身的发展需要招聘合适的人才。这种基于契约的劳动关系极大地提高了社会资源配置的效率。

2. 市场经济模式下的西方契约社会

在西方市场经济中，契约已经成为社会关系的主要形式。无论是购房、就业还是婚姻，契约都是规范这些社会关系的基本工具。契约关系的普及使得个体能够根据自己的意愿和利益来选择合作伙伴，从而实现资源的有效配置和社会关系的灵活调整。以美国的婚姻契约为例，在美国，婚前协议是一种常见的契约形式，它允许夫妻双方在结婚前就财产分割、赡养费等问题达成书面协议。这种契约关系体现了个体在婚姻关系中的自主选择权,也有助于在婚姻关系中明确双方的权利和义务。

(三)从身份到契约的社会进步

梅因指出,社会进步的过程是从依赖身份的社会秩序向更加强调个人自由和选择的契约社会转变的过程。在这个过程中,个体的社会身份和角色从被动接受转变为主动选择,社会权利和义务也从被固定分配转变为通过契约协商确定。① 这一转变不仅促进了个体的自由发展,也为社会带来了更高的效率和更大的活力。

1. 个体自由的实现

从身份到契约的运动体现了个体自由的实现。在契约社会中,个体不再受到出生身份的限制,而是可以通过自己的努力和选择来改变自己的社会地位和生活质量。这种自由不仅体现在经济领域,还体现在政治、社会和文化等各个方面。20世纪的美国民权运动是个体自由实现的典型案例。通过法律诉讼和立法改革,非洲裔美国人争取到了平等的公民权利和机会,打破了基于种族身份的社会歧视和限制。

2. 社会效率的提升

契约关系的普及使得资源配置更加高效。在市场经济中,契约作为一种法律工具,能够明确双方的权利和义务,降低交易成本,促进交易的顺利进行。这种效率的提升是社会进步的重要标志。现代企业制度的发展是社会效率提升的例证。通过股份有限公司等形式,企业能够吸引社会资本,实现规模化经营。股东、管理层和员工之间的关系通过契约来规范,这种契约关系提高了企业的运营效率和市场竞争力。

3. 社会关系的灵活性

契约关系的另一个优点是其灵活性。与身份关系相比,契约关系可以根据实际情况进行调整和变更。这种灵活性使得社会关系能够适应快

---

① 梅因:《古代法》,沈景一译,商务印书馆1959年版,第97页。

速变化的环境,增强了社会的适应能力和创新能力。美国硅谷和中国深圳的创业文化体现了社会关系的灵活性。在这里,创新和技术发展是推动社会进步的主要力量,人们通过合作和竞争,不断形成和调整契约关系,以适应市场和技术的变化,从而推动了整个社会的进步和发展。

第十讲　大陆法系与英美法系

在法律文明的发展历史上有一个普遍的现象，即在整个世界的空间范围内，通常存在若干法律文明区域，不同文明区域的法律制度和法律文化呈现出差别较大的面貌，而同一文明区域中不同国度的法律制度和法律文化则往往具有较大的类似性，似乎属于同一个"家族"。在法学理论上，用来概括不同区域和国度之间法律文明差别化和类似性的概念就是法系。[①]

在探索法律的深邃海洋中，我们常常被两大法律体系的宏伟与复杂所吸引——大陆法系与英美法系。这两大法系不仅是法律实践的基础，更是法学理论的灯塔。

一、逻辑理性与经验理性：大陆法系与英美法系的分野

（一）法系的概念与分类

法系的英文表达为 legal genealogy 或 legal family，意思是法的族系。法系，作为法律文化的一种分类方式，帮助我们理解不同国家和地区法律传统的共性与特点。它是法律多样性的体现，也是法律统一性的寻求。法系作为世界法律文明演进过程中一种突出的现象得到了研究者的普遍承认。但是在划分法系的标准上人们有着不同的意见：日本法学家穗积陈重提出中华法系、伊斯兰法系、印度法系、大陆法系和英美法系的五

[①]《法理学》编写组：《法理学（第二版）》，人民出版社 2021 年版，第 73 页。

大法系说:美国法学家威格摩尔划分为埃及法系、美索不达米亚法系、中华法系、印度法系、希伯来法系、希腊法系、海商法系、罗马法系、凯尔特法系、日耳曼法系、教会法系、日本法系、伊斯兰法系、斯拉夫法系、大陆法系和英美法系等16个法系;[①] 德国比较法学者茨威格特和克茨则将法律分为罗马法等8个法系。由于历史原因,有些国家或地区,如菲律宾、南非、英国的苏格兰、美国路易斯安那州、加拿大魁北克省的法律兼有两系的特点。而在亚洲和非洲的一些国家和地区的法律,往往兼有西方某一法系与原有的宗教法系的特点,如印度法律主要属于普通法法系,但又属于印度教法系;叙利亚法律主要属于民法法系,但又属于伊斯兰教法系。总体上讲,英美法系国家主要是英国及其过去的殖民地:英国、美国、加拿大、澳大利亚、新西兰、马来西亚、印度、巴基斯坦等;不包括英国的苏格兰、美国的路易斯安那州、加拿大的魁北克省。[②] 总体来说,法系的划分有四个问题应当注意:第一,法系划分标准是多元的;第二,法系划分标准是相对的;第三,一个国家和地区的法系归属可能是变化的;第四,法系是一个具有世界历史意义的概念。[③]

(二)大陆法系与英美法系的特点

法系虽有不同的划分标准,但迄今为止影响最大的分类仍然是大陆法系与英美法系的分类。大陆法系起源于罗马法,以查士丁尼时期的《民法大全》为代表,它在中世纪及之后的发展中,逐渐形成了一套以成文法为主的法律体系,强调法律的普遍性和系统性。[④] 英美法系起源于英国的普通法,它是一种以判例法为核心的法律传统,强调法律的经验性和适应性。法律思维方式上,大陆法系的法律思维方式是演绎的,它从普

[①] 茨威格特,克茨:《比较法导论》,克拉伦敦公司1987年英文第2版,第64页。
[②] 《法理学》编写组:《法理学(第二版)》,人民出版社2021年版,第75页。
[③] 同②,第74页。
[④] 陈志强:《拜占庭帝国史》,商务印书馆2003年版,第127—128页。

遍的原则出发,通过逻辑推理得出具体的法律规则。这种方式强调法律的确定性和预测性。英美法系的法律思维方式是归纳的,它从具体的案例出发,提炼出普遍适用的法律原则。这种方式强调法律的灵活性和个案的公正。法律形式与分类上,大陆法系中,成文法具有至高无上的地位,法律的分类严格,公法与私法的区分明显,私法尤其受到重视。在英美法系中,判例法的地位至关重要,法律的分类不如大陆法系那样严格,公私法的界限模糊,更注重法律的实际效果。

(三)两大法系的比较:《蝇王》中未成年人是否应当承担刑事责任

两大法系在以下方面存在明显差异:

第一,法律渊源上,英美法系的法律渊源主要是判例法,而大陆法系的法律渊源主要是成文法。这一点反映了两大法系在法律形成和发展上的根本差异。

第二,法律结构上,英美法系的法律结构建立在普通法和判例法的基础上,而大陆法系的法律结构建立在公法和私法的分类上。这两种结构各有优势,适应了不同社会的需求。

第三,在职业教育方面,英美法系更注重实践操作能力,大陆法系则更强调法学理论的深入研究。

第四,诉讼程序上,英美法系倾向于当事人主义,强调当事人的主动参与和对抗;大陆法系则倾向于职权主义,强调法官的主导作用和调查权。

第五,在法律适用上,英美法系的法官会首先考虑类似案件的判例,而大陆法系的法官会首先考虑制定法的规定。

为了更形象地了解两大法系在法律适用等各方面的区别,我们以著名小说《蝇王》所反映的主题来探讨。《蝇王》是英国作家、诺贝尔文学奖获得者威廉·戈尔丁创作的长篇小说,讲述了一个虚构的故事:在未来第三次世界大战中的一场核战争中,一群六岁至十二岁的儿童在撤退途中因飞机失事被困在一座荒岛上，起先他们尚能和睦相处，后来由于恶的本性膨胀，他们便互相残杀，发生悲剧性的结果。这部小说让人震惊的是，几岁的孩子怎么也会犯下那么恶劣严重的罪行？对于这些年龄尚小却犯下恶行的孩子，法律要不要惩罚他们？对此，两大法系有不同的处理模式。

在未成年人犯罪的处理模式上，大陆法系强调成文法的至高无上地位。大陆法系国家通常有一套明确的法律规定，这些规定旨在保护未成年人的权益，同时考虑到他们的心理和生理特点，以及教育和改造的可能性。整体来说，大陆法系都会明确规定未成年人的刑事责任年龄，低于该年龄的儿童通常不承担刑事责任。我国也基本上采用的是对年龄进行统一规定的方式。《中华人民共和国刑法》规定的刑事责任年龄是十四岁，十四岁以下是无刑事责任年龄。但随着青少年犯罪低龄化的比例不断提高，我国对未成年人刑责年龄降低至十二岁。《中华人民共和国刑法修正案（十一）》中规定："已满十二周岁不满十四周岁的人，犯故意杀人、故意伤害罪，致人死亡或者以特别残忍手段致人重伤造成严重残疾，情节恶劣，经最高人民检察院核准追诉的，应当负刑事责任。"

而英美法系则以判例法为核心，强调法律的经验性和适应性。在未成年人犯罪的处理上，英美法系采用了一种更为灵活的方式，其中，"恶意补足年龄"原则是其独特的法律概念，用以确定未成年人是否应承担成年人的刑事责任。[①] 恶意补足年龄是指即使未达到刑事责任年龄，如果能够证明未成年人在犯罪时具有恶意，即可被视为成年人处理。如在英美法系国家或地区发生的一起抢劫案中，一名十二岁的未成年人参与了犯罪，尽管其年龄低于刑事责任年龄，但通过审理发现，该未成年人在犯罪过程中表现出了明显的恶意和主导性，法院最终决定应用"恶意补

---

① 张鸿巍：《少年司法通论》，人民出版社2008年版，第89页。

足年龄"原则,将其视为成年人处理,但同时考虑到其年龄因素,判处了较轻的刑罚,并安排了相应的教育和心理辅导。

通过对大陆法系与英美法系的比较分析,我们可以看到,不同的法律传统和发展路径,导致了不同的法律思维方式和处理策略。我们应当深入理解这些差异,并在此基础上思考如何更好地运用法律,实现正义和宽容的平衡。随着全球化的深入,两大法系之间的界限逐渐模糊,未来的法律发展将更加注重多样性和适应性,以应对日益复杂和多变的法律需求。

二、大陆法系潘德克顿法典化的世界贡献:民法典如何形成

(一)潘德克顿法典化

潘德克顿法典化(Pandectist Codification)起源于19世纪的德国,是一种系统化、结构化的法律编纂方法。这一术语源自拉丁语Pandectae,意为"全部"或"概要",反映了该法典化模式试图全面、系统地整合和规范所有私法规则的特点,而Pandecta,是指《罗马法大全》(《民法大全》)中的《学说汇纂》(Digesta)。潘德克顿法典化的核心在于将法律分为不同的部分,每部分都围绕一个基本法律概念或制度进行组织,如物权、合同、侵权等。这种方法强调法律规则的逻辑性和内在联系,使得法律体系更加清晰、有序。

(二)潘德克顿法典化对世界各国民法典的影响

潘德克顿体系由胡果、海泽初创,经萨维尼、普赫塔、温德沙伊德等巩固和完善,首次法典化见诸1865年萨克森民法典,继而为德国民法典所采用。作为一种民法典编纂技术,潘德克顿体系将民法典分为总则、债法、物权法、亲属法、继承法五编。此种法典编纂体例一改法国民法典所采用的、源自古罗马法学阶梯的"三编制"体例(人、财产及对所

有权的限制、取得财产的各种方法），凭借其坚实的学理支撑、严谨的逻辑结构、凝练的法律用语，成为 20 世纪民法法典化的典范，其影响力遍及欧洲和远东，也是中国自清末以来民法典编纂的主要借鉴样本。[①] 潘德克顿法典化对全球许多国家的民法典产生了深远的影响，特别是在大陆法系国家中。以下是几个受其影响显著的民法典：

1. 德国民法典（Bürgerliches Gesetzbuch, BGB）：德国民法典是潘德克顿法典化的典型代表，它于 1900 年颁布，成为世界上第一部按照潘德克顿模式编纂的民法典。德国民法典的系统性和逻辑性对后来的民法典编纂产生了重要影响。[②]

2. 日本民法典：日本在明治维新后，为了实现法律体系的现代化，参考了德国民法典的结构和内容，于 1896 年颁布了自己的民法典。日本民法典在很大程度上继承了潘德克顿法典化的特点，如将法律分为总则、物权、债权、家族和继承等部分。

3. 中国民法典：《中华人民共和国民法典》作为中国法律体系中的基石，其编纂过程中也受到了潘德克顿法典化的影响。中国民法典采用了类似的结构，分为总则、物权、合同、人格权、婚姻家庭、继承和侵权责任等编章，体现了系统性和逻辑性。

4. 意大利民法典：意大利在 1865 年颁布的民法典也受到了潘德克顿法典化的影响，尤其是在法律的系统化和结构化方面。意大利民法典的编纂过程中，德国法学家的建议和经验起到了重要作用。

5. 巴西民法典：巴西在 1916 年颁布的民法典同样受到了潘德克顿法典化的影响。巴西民法典的结构和内容在很大程度上借鉴了欧洲大陆法

[①] 迪特尔·梅迪库斯：《德国民法总论》，邵建东译，法律出版社 2013 年版，第 20—22 页。
[②] 何勤华：《历史法学派述评》，载《法制与社会发展》1996 年第 2 期。

系的法典化模式，特别是德国和意大利的民法典。

潘德克顿法典化的影响不仅限于大陆法系国家，其系统性和逻辑性的特点也对一些普通法系国家的法律改革产生了影响。例如，美国路易斯安那州的民法典就是在美国法律体系中采用潘德克顿法典化模式的一个例子。潘德克顿法典化不仅为法律的系统化和现代化提供了框架，也为不同法律体系之间的交流和融合提供了可能。通过学习和研究潘德克顿法典化，我们可以更好地理解现代民法典的内在逻辑和功能，为推动法治建设和法律发展贡献力量。

（三）潘德克顿法典化的代表——《中华人民共和国民法典》的形成

现代中国民法典编纂始于对以德国民法典为典范的潘德克顿法学体系的继受。民法典的形成是一个国家法律文化和社会发展的结晶。以《中华人民共和国民法典》（以下简称《民法典》）为例，它的制定经过了长期的准备和广泛的社会征求意见，最终在2020年颁布，成为新中国第一部以法典命名的法律。这一法典的诞生，标志着中国法治建设进入了一个新的阶段。《民法典》的特点在于其系统性、统一性和适应性。它将民事法律规范整合成一个统一的体系，并通过抽象的概念和原则来适应社会变迁。《民法典》不仅规范了个人与个人之间的关系，还对国家的法治建设和社会秩序的维护起到了至关重要的作用。

2020年颁布的《民法典》规定了许多创新性内容，解决许多实践中一直以来没有得到法律解决的问题。比如说：《民法典》首次明确规定了见义勇为行为受到法律保障。《民法典》第一百八十三条规定：因保护他人民事权益使自己受到损害的，由侵权人承担民事责任，受益人可以给予适当补偿。没有侵权人、侵权人逃逸或者无力承担民事责任，受害人请求补偿的，受益人应当给予适当补偿。第一百八十四条规定：因自愿实施紧急救助行为造成受助人损害的，救助人不承担民事责任。

又比如，高空抛物问题在实践中一直没有得到很好的解决，《民法典》明确规定："高空抛物"是违法行为，让高空抛物不再"任性"。《民法典》第一千二百五十三条规定：建筑物、构筑物或者其他设施及其搁置物、悬挂物发生脱落、坠落造成他人损害，所有人、管理人或者使用人不能证明自己没有过错的，应当承担侵权责任。所有人、管理人或者使用人赔偿后，有其他责任人的，有权向其他责任人追偿。第一千二百五十四条规定：禁止从建筑物中抛掷物品。从建筑物中抛掷物品或者从建筑物上坠落的物品造成他人损害的，由侵权人依法承担侵权责任；经调查难以确定具体侵权人的，除能够证明自己不是侵权人的外，由可能加害的建筑物使用人给予补偿。可能加害的建筑物使用人补偿后，有权向侵权人追偿。物业服务企业等建筑物管理人应当采取必要的安全保障措施防止前款规定情形的发生；未采取必要的安全保障措施的，应当依法承担未履行安全保障义务的侵权责任。

再比如，《民法典》首次以法律形式对基因编辑行为进行明确规定，规范人类的科学研究伦理行为。这个条款的起因是一起基因编辑婴儿案件。2018 年 11 月，贺某某在第二届国际人类基因组编辑峰会召开前一天宣布，一对基因编辑婴儿于当月在中国诞生。这是世界首例免疫艾滋病的基因编辑婴儿，这对双胞胎的一个基因经过修改，能天然抵抗艾滋病。这一事件震惊了整个生物医药界，业内百余科学家联名发文谴责该行为，中国科技部要求暂停其科研活动。2019 年 12 月 30 日，该案在深圳市南山区人民法院一审公开宣判，被告人贺某某等三人因共同非法实施以生殖为目的的人类胚胎基因编辑和生殖医疗活动构成非法行医罪，被依法追究刑事责任。针对这类引发重大关注的科技伦理争议现象，《民法典》第一千零九条专门规定如下：从事与人体基因、人体胚胎等有关的医学和科研活动的，应当遵守法律、行政法规和国家有关规定，不得危害人体健康,不得违背伦理道德,不得损害公共利益。

无论在我国还是大陆法系国家,民法典都是一个国家立法技术成熟的标志,也象征着一国走进法治建设的新阶段。民法典之所以对一个国家如此重要,主要在于它有几个方面的世界贡献:

第一,规范私人关系。民法典为私人之间的财产关系、合同关系、家庭关系等提供了明确的法律规范,有助于维护社会秩序和保障个人权益。

第二,推动法律统一。民法典的制定和实施有助于推动法律的统一,减少法律适用中的不确定性和随意性,提高法律的可预测性和公正性。

第三,促进法学教育和研究。民法典作为法学教育和研究的重要内容,对于培养法律人才、推动法学理论的发展起到了关键作用。

第四,影响国际法律交流。民法典的制定和实施不仅对本国法律体系产生影响,也对国际法律交流和合作产生了积极作用。通过比较不同国家的民法典,可以促进法律知识和经验的交流,推动国际法律规则的协调和统一。

无论是在中国还是其他国家,民法典都是维护社会秩序、保障公民权益的重要工具。它的形成和发展不仅体现了一个国家的法治水平,也对全球法律体系产生了深远的影响。而在制定民法典的过程中,潘德克顿法典化模式被实践证明是民法典制定的成功经验,也为人类其他领域的法典化提供了经验借鉴。

三、运行在历史与现实中的普通法

(一) 普通法的历史

普通法的起源可以追溯到 12 世纪的英格兰,它随着英国的殖民扩张传播到世界各地。普通法最初的形成与英格兰国王亨利二世的司法改革密切相关。亨利二世为了加强中央集权,提高司法效率,派遣皇家法官巡回审理案件,逐渐形成了统一的法律规则和程序,这就是普通法的雏形。普通法是由拥有高级裁判权的王室法院依据古老的地方习惯或是理性、自然公正、常理、公共政策等原则,通过"遵循先例"的司法原则[1],在不同时期的判例的基础上发展起来,具备司法连贯性特征并在一定的司法共同体内普遍适用的各种原则、规则的总称。

普通法是法官通过司法判例创立和发展起来的法律,这意味着普通法是与作为先例的司法判例相联系的,可以用来作为后来事件或案件范例或规则的先前事例,或者可用于支持或证明某些相似情况或行为的先前事例。随着英国的殖民扩张,普通法被传播到北美、澳大利亚、新西兰、印度等地区。普通法的传播不仅扩大了英国的影响力,也促进了全球法律体系的交流与融合。[2]

(二)普通法的经典判例

1. 英国啤酒蜗牛案(多诺休诉斯蒂文森啤酒厂商案,Donoghue v. Stevenson)

这是普通法上一个具有里程碑意义的案件,它在1932年由英国上议院审理,对于普通法中的疏忽责任(negligence)原则产生了深远的影响。案件发生在1928年8月26日,多诺休太太和她的朋友在苏格兰佩斯利的咖啡馆喝啤酒。她的朋友为她购买了一瓶姜汁啤酒,这瓶酒是由大卫斯蒂文森公司(David Stevenson)生产的。当他们喝到一半时,发现瓶中有一个腐烂的蜗牛。多诺休太太声称,她因此遭受了休克和严重的胃肠炎。案件的核心争议问题是:多诺休太太并没有直接与制造商签订合同(酒是由她的朋友购买的),制造商是否对她负有赔偿责任?在当时

---

[1] 刘树德:《析判例在两大法系中的地位和作用》,载《人民法院报》2003年8月11日。
[2] 李红海:《亨利二世改革与英国普通法》,载《中外法学》1996年第6期,第62—66页。

的法律框架下，赔偿责任通常只在合同关系中被认定。

上议院的裁决结果支持了多诺休太太，认为啤酒制造商确实对她负有赔偿责任。法院认为，制造商有责任确保其产品对消费者是安全的，即使消费者并未直接购买产品。这一裁决在法律上确立了产品责任原则，即制造商对最终消费者负有责任，以确保产品在离开工厂时是安全的。法院在判决中提出了著名的"邻人原则"，即普通法中一项古老的原则——"你必须要爱你的邻人"，在法律上，这意味着你不应该伤害你的邻人。你必须采取合理的注意，避免那些你可以合理预见可能会伤害你邻人的行为。在这种情况下，"邻人"被广泛定义为任何可能受到你行为直接影响的人。这一案件对于后来的产品责任案件产生了巨大影响。它确立了产品责任与合同法分离的原则，并且为确定产品责任提供了一个更为一般性的测试方法。这个案例也被认为是消费者保护和个人伤害法领域的一个重要先例。这个案件的判决不仅在英国，而且在全世界许多采用普通法系的国家中都产生了深远的影响，它为消费者权益的保护提供了法律基础。

2. 乔吉案（R v Jogee [2016] UKSC 8）

乔吉案是一个英国普通法中的重要案例，它涉及了共同犯罪和从犯责任的问题。案件中，乔吉与他的朋友参与了一桩持刀杀人案，尽管乔吉并没有亲手杀人，但是他被判谋杀罪。而最高法院最终在判决中认定，原来的共同意图原则是错误的，只有当人们有共同的意愿才能对罪行负责。最高法院认为，仅仅因为从犯预见到主要犯罪者可能会犯下更严重的罪行，并不意味着他们就自动对该罪行负责。这一裁决改变了共同犯罪责任的法律原则，产生了深远的影响。它要求检方必须证明从犯有意协助或鼓励犯罪，而不仅仅是预见到犯罪的可能性。这一裁决提高了起诉从犯的心理要素门槛，使得陪审团在确定从犯的意图时有了更宽泛的判断范围，从而使得定罪更好地反映了公众对正义的期待。

3. 申克诉合众国案（Schenck v. United States）

申克诉合众国案是美国宪法第一修正案言论自由权的一个经典案例，是理解言论自由界限的关键案例，它展示了在国家危机时期，政府如何平衡个人权利与国家安全之间的关系。1917年，美国加入第一次世界大战，查尔斯·申克是美国社会党的总书记。他反对征兵法案，并印发了约15000份传单，呼吁被征召入伍的人抵制兵役。这些传单被邮寄给应征入伍的美国男子，批评征兵制度，并鼓励他们根据宪法第十三修正案赋予的权利来反对在军中服役。申克因此被控违反了1917年的《间谍法案》，并被判有罪。案件的核心争议问题是：申克的行为是否受到第一修正案保护的言论自由权的保护，以及《间谍法案》是否违反了宪法。

最高法院一致裁定支持《间谍法案》和申克的定罪。霍姆斯大法官代表法院撰写了意见，他认为虽然在许多地方和平常时期，传单上的言论可能会受到第一修正案的保护，但在战争时期，这些言论构成了对国家安全的"明确和现实的危险"。霍姆斯提出了著名的"明确和现实的危险"标准，即如果言论在特定情况下和性质上构成对社会的明确和现实的危险，那么这些言论可能会被禁止。这个案例为言论自由的法律限制设定了先例，特别是在国家安全受到威胁的情况下。它强调了言论自由不是绝对的，并且可以根据情况和环境的不同而有所不同。

（三）普通法的现实意义

第一，体现法治精神。普通法体系强调法律的稳定性和可预测性，体现了法治的基本精神。通过遵循先例的原则，确保了法律的连续性和一致性。从原始的习俗到习惯法，再从习惯法到普通法，这整个演变过程都有着英国社会的各个阶层参与，而普通法的具体内容在一定程度上保证了广大普通民众的利益。这使得普通法具有无与伦比的牢固性，因为各个阶层都拥护普通法，这让它在面对王权不断侵蚀的时候还能保持原本的模样。① 在普通法发展的初期，也就是在诺曼征服之后，法官是服从听命于国王的人，他们代表的是国王的个人利益。而且，身为法官的他们，虽然履行司法职责，但非职业法官，他们未曾受过任何的法律职业训练。当时，英国国王与封建贵族之间的利益争斗日益激烈，标志性事件即为1215年约翰王时期订立的《自由大宪章》。自此以后，得益于王权与贵族势力的斗争，法官阶层获得发展，司法权力得以扩大。就在这一时期，或者说在这一时期刚刚结束之后，盎格鲁-美利坚法律史中出现了一个至关重要的做法：法官不再从国王近臣中遴选，而是从杰出的高级律师队伍中选拔。法官的任命摆脱了国王的约束，打破了以往国王垄断法官职位以控制司法的习惯。在"光荣革命"之后，司法权伴随着议会至上原则的确立获得了独立，这同时意味着司法体制框架下的法院与法官也获得了真正的独立。②

第二，法律适应性。法律是一种在实践与理论之间循环往复的理性对话，普通法也不例外。它的适应性非常突出地表现在它在处理"遵循先例"与"适应现实"方面的平衡。面对愈发复杂的事务与社会关系，法官作为共同体在司法审判的实践过程中渐渐地形成了共识，即：司法实践让他们获得了丰富的司法经验，也让他们在审判过程中逐渐领悟到普通法的真谛——法律给予人人平等的地位、公正的待遇与正义的引领，他们所遵循的先例原则是对法律真谛的追求。法院不一定非要作出一个与先例完全相同的判决，换言之，当前法院的判决无须同前一法院已经作出的判决一样，除非当前法院的法官认为上一次判决是依法作出的，

---

① 王亚平：《西欧法律演变的社会根源》，人民出版社2009年版，第400页。
② 李栋：《司法审判权与政治统治权两权分立理论的"知识考古"及其合理性评说》，载《比较法研究》2011年第6期。

因为任何法院都可能犯错。如果有法官认为前一法官作出的判决是错误的，他便不一定要作出类似的判决，因为他已经宣誓自己会按照法律来作出判决，因此具有合理性和法治精神。

普通法体系因其灵活性和适应性而能够及时响应社会变迁和新兴问题。法官通过判例"创造"法律，使得法律能够适应不断变化的社会需求。例如，对于知识产权保护、人工智能等领域，普通法体系展现出了强大的适应性和创新能力。又如在中世纪英格兰土地法发展过程中，会有各种不同的权利，也有不同创新。古代中国的律法和英格兰的普通法都是君主用来治国的工具，但是和古代中国由君主来立法不同，普通法是被"发现"的，是在国王的统筹下法官们对当时已存在的习惯和习俗的修订，国王不能随意剔除对王权有制约的条款。在福蒂斯丘看来，法律制约王权的思想体现在议会制度之上，具体表现为议会制约王权。而议会代表了人民意志，法律制约王权归根结底是民权高于王权。因此，福蒂斯丘推崇英国的陪审制对人民权利的保障，强调英国的陪审制度相对于欧洲大陆国家实行的罗马法，对增进公民自由和法治更具有效性。[1]因此它不但用于治理国家，还用于限制王权。普通法强调程序，鼓励民众参与，并且界定了权利的行使范围。它规范了权利主体的行为方式，有力抑制了以国王为代表的掌权者们的权利无限膨胀，防止了他们肆意干涉正常的社会生活。这有助于为社会主体提供有保障的外部环境，使得社会的各个阶层都能够得到良好的发展，对后世社会的发展有着深远的影响。

第三，全球影响力。普通法体系在商法领域具有高度的适应性和灵活性，能够迅速响应商业实践的变化，为国际贸易和商业活动提供了有效的法律支持。普通法体系下的独立和公正的司法审查，以及对国际仲

---

[1] 约翰·福蒂斯丘：《论英格兰的法律与政制》，谢利·洛克伍德编，袁瑜琤译，北京大学出版社2008年版，第36—47页。

裁实践的熟悉，使得普通法成为国际仲裁法院的首选。普通法体系强调的法治和司法程序的公平公正性，在全球范围内受到尊重和推崇。深入理解普通法的运行和实践，可以更好地把握法律的本质，促进法治的发展和社会的进步。同时，普通法的实践也为我们提供了一个观察和理解法律多样性和复杂性的窗口。

第十一讲　法律如何运行

一、法律如何被制定

在研究法律的过程中，不仅需要关注法律是什么，更要关注法律是如何被制定的。结合《中华人民共和国立法法》以及《中华人民共和国民法典》的立法实践，探讨法律制定的过程、原则和体制。

（一）立法的概念与特点

1. 立法的概念

立法是国家机关根据法定权限和程序进行法律创制的活动。它不仅包括法律的制定，还包括对现有法律的修改、补充和废止。[1] 立法活动可以分为狭义和广义两个层面。狭义的立法专指全国人大及其常委会的法律制定活动，而广义的立法则涵盖了所有国家机关在其法定权限范围内进行的规范性文件的制定活动。

2. 立法的特点

立法作为国家机关的活动具有以下特点：

第一，特定主体。立法由特定的国家机关进行，这些机关必须拥有法定的立法权力。

第二，法定职权性。立法活动必须在法律赋予的职权范围内进行，不能超越权限。

第三，程序性。立法必须依照法定程序进行，包括法律草案的提出、审议、表决、公布等环节。

---

[1]《法理学》编写组：《法理学（第二版）》，人民出版社2021年版，第303页。

第四，专业性与技术性。立法涉及法律专业知识和技术性问题，需要专门的立法人员和专家团队参与。

第五，立法的内容包括法的制定、认可、修改和废止。立法活动的核心是对法律的制定、认可、修改和废止，以适应社会发展的需要。

（二）立法的历史发展

立法的历史发展是一个由专制向民主、由特别权力向平等权力、由无序向有序、由简单向复杂的转变过程。在古代，立法权往往集中在君主或少数统治者手中，而近现代立法则趋向于民主化、法治化。立法权的行使也越来越受到法律的制约和社会的监督。

（三）立法的基本原则

立法的基本原则是指导立法活动的根本准则，它们体现了一个国家立法的基本性质、内容和价值取向。

1. 合宪性原则

宪法作为国家的根本大法，它所确立的基本原则不仅是法律体系内各项法规必须严格遵循的准绳，更是法治社会不可动摇的基石。维护宪法的权威与秩序，是所有立法活动的至高无上的指导原则，也是其不可推卸的根本使命。在立法实践中，必须坚定不移地以宪法为引领，确保所有法律、行政法规乃至地方性法规的制定均不违背宪法的精神与条款。

2. 法治原则

立法活动务必遵循宪法、立法法及相关法律的明确立法程序，任何偏离既定程序而进行的立法均视为无效。为确保立法行为依法进行，构建严密的立法监督体系至关重要。在此体系中，各负有立法监督职责的国家机关应在其法定权限内积极行使职权，充分发挥备案审查、改变及撤销等监督机制在立法过程中的关键作用，以保障立法的合法性与有效性。

3. 民主原则

在立法过程中，应坚定不移地贯彻人民主体地位，始终将人民利益置于核心位置,不断优化立法工作的体制机制。通过多样化的渠道和方式,有效拓宽并保障公民有序参与立法的途径,确保立法过程的公开透明与民主性。建立健全法律草案的公开征求意见机制,广泛吸纳社会各界的智慧与诉求,形成广泛的社会共识。积极构建并完善沟通机制,鼓励并推动立法协商的深入开展。积极探索并建立由相关国家机关、社会团体、专家学者等组成的立法咨询论证体系,针对立法中涉及的重大利益调整问题提供专业、客观、全面的咨询与建议。努力使每一项立法都符合宪法精神、反映人民意志、得到人民拥护。

4. 科学原则

立法的精髓在于深刻把握并忠实反映客观世界的运行规律,确保法律的制定能够精准对接并促进改革、发展、稳定与安全的综合需求,公正无偏地平衡各方利益关系。同时,还需秉持问题导向的立法原则,精准识别社会现实中的矛盾与挑战,着力提升法律的针对性、时效性、系统性及协调性,从而增强法律条文的实施效力与可操作性,确保每一部法律法规都能成为解决实际问题、促进社会公平正义的有效工具。

(四)立法体制

我国是统一的、单一制的多民族国家,各地方经济、社会发展很不平衡。与这一国情相适应,在最高国家权力机关集中行使立法权的前提下,为了使法律既能通行全国又能适应各地方千差万别的不同情况,我国确立了统一而又分层次的立法体制[①],具体包括全国人大及其常委会、国务院及其部门、地方各级人大及其常委会、民族自治地方人大(自治区、自治州、自治县)、省、(设区的)市级政府等的立法权限。

(五)立法程序:以《中华人民共和国民法典》为例

《中华人民共和国民法典》作为新中国历史上第一部法典,其立法

[①]《法理学》编写组:《法理学(第二版)》,人民出版社2021年版,第307页。

过程充分体现了立法活动的复杂性、严谨性和科学性。

立法程序是立法活动的重要组成部分,它规定了立法活动的步骤和方法。我国的立法程序包括法律案的提出、审议、通过和公布等阶段。立法程序的功能在于确认不同主体的具体立法权、规范制约主体的立法权和保障公民权利。《中华人民共和国民法典》的立法过程充分体现了立法程序的严谨性和科学性。从最初的起草工作,到多次向社会公开征求意见,再到全国人大常委会的多次审议,每一步都严格遵循了立法程序,以确保立法的质量和效率。

1. 起草阶段

《中华人民共和国民法典》的起草工作历时多年,由全国人大常委会法制工作委员会牵头,组织专家学者进行深入研究和论证。起草过程中,广泛征求各方面的意见和建议,充分体现了立法的民主性和科学性。

2. 公开征求意见

在草案形成后,立法机关多次向社会公开征求意见,包括专家学者、实务工作者、普通公民等,广泛听取了社会各界的声音。这一做法不仅增强了立法的透明度,也提高了立法的质量和公信力。

3. 审议阶段

《中华人民共和国民法典》草案在全国人大常委会会议上进行了多次审议。每次审议后,都会根据审议意见对草案进行修改和完善。这一过程充分体现了立法的严谨性。

4. 通过和公布

经过多次审议和修改后,《中华人民共和国民法典》最终在第十三届全国人民代表大会第三次会议上高票通过,并由国家主席签署命令予以公布。这一过程标志着《中华人民共和国民法典》正式成为法律,并在 2021 年 1 月 1 日施行。

《中华人民共和国民法典》的立法过程,包括起草、征求意见、审议、修改、通过和公布等环节,为我国今后的立法工作带来了积极、全面、规范的影响,对我国法治建设具有里程碑意义。

二、法律如何被执行

法律的生命在于执行。一项法律,无论其内容多么公正合理,如果不能得到有效执行,就难以发挥其应有的作用。把立法的要求变成有效的活动,把规定抽象行为模式的法律变成法律关系主体的具体行为,把纸面上的法律变成行动中的法律,就是法律执行的过程。

（一）执法的概念

1. 执法的定义

执法,又称法的执行,是指国家机关及其公职人员依照法定职权和程序,贯彻、执行法律的活动。执法既包括广义上的一切执行法律的活动,也包括狭义上的国家行政机关及其公职人员依法行使管理职权、履行职责、实施法律的活动。

2. 执法的主体

执法的主体主要包括国家行政机关、司法机关及其公职人员,以及依法被授权的组织。在我国,国务院及其部委、地方政府及其部门、公安机关、检察机关等都是重要的执法主体。

（二）执法的特点

1. 权威性

执法是以国家的名义对社会进行全面管理,具有国家权威性。执法行为背后有国家的强制力作为支撑,确保法律得到贯彻和执行。

2. 强制性

执法具有国家强制性,对于违法行为,执法机关有权采取必要的措施,包括行政处罚、行政强制等,以确保法律的实施。

3. 主动性和单方面性

执法机关在执行法律时具有主动性，可以根据法律授权主动采取措施。同时，执法行为具有单方面性，即使行政相对人不同意，执法机关也可以依法采取措施。

（三）执法的原则

1. 依法行政原则

依法行政原则是执法的基本原则，要求执法机关必须依据法定权限、法定程序和法治精神进行管理。越权无效，执法行为必须在法律授权的范围内进行。

【案例分析：深圳贤成大厦案】

深圳贤成大厦案是中国行政诉讼历史上具有里程碑意义的案件，它体现了依法行政原则的重要性。1988年，泰国贤成两合公司与深圳四家公司签订合作协议，共同兴建贤成大厦。后来由于资金问题和股权纠纷，贤成大厦建设中断。1994年，深圳市工商局注销了贤成大厦有限公司，并决定成立清算组。随后，中方四家公司与香港鸿昌公司合作成立了新的公司继续建设大厦，并更名为"鸿昌广场"。泰国贤成公司对此行政行为不服，提起行政诉讼。

案件的争议焦点在于深圳市工商局注销贤成大厦有限公司及批准成立鸿昌广场有限公司的行政行为是否合法，是否符合依法行政原则。广东省高级人民法院一审判决撤销深圳市工商局的行政行为，最高人民法院终审维持了一审判决。法院认为深圳市工商局的决定缺乏事实依据，违反法定程序，不符合法律规定。此案强化了行政机关依法行政的法律责任，确保了行政行为必须基于法律授权，并且遵循法定程序。

2. 合理性原则

合理性原则要求执法主体在执法活动中，特别是行使自由裁量权时，必须做到适当、合理、公正。执法行为应符合法律的基本精神和目的，具有客观、充分的事实根据和法律依据。合理性原则在司法实践中也经常体现为合乎比例原则。

【案例分析：哈尔滨市规划局处罚案】

哈尔滨市规划局处罚案，也称为汇丰实业发展有限责任公司诉哈尔滨市规划局案，是一个典型的涉及合理性原则或比例原则的行政诉讼案例。1993年，哈尔滨市同利实业公司向哈尔滨市规划土地管理局申请翻扩建其所有的位于哈尔滨市道里区中央大街108号的两层楼房。同年6月，同利公司与汇丰实业发展有限责任公司达成房屋买卖协议，汇丰公司随后取得了房屋产权证。在未得到哈尔滨市规划土地管理局答复的情况下，汇丰公司开始施工，至1996年8月12日哈尔滨市规划局作出拆除部分建筑并罚款的处罚决定时，汇丰公司已建成地下1层、地面9层的建筑物。

汇丰公司对处罚不服，向黑龙江省高级人民法院提起行政诉讼。案件的核心问题是哈尔滨市规划局对汇丰公司所作出的行政处罚是否合理，是否符合合理性原则或比例原则。法院认为哈尔滨市规划局的处罚显失公正，故对市规划局的具体行政行为予以变更，减少了拆除面积，变更了罚款数量。市规划局不服一审判决，提起上诉。最高人民法院经审理后认为，原审判决认定事实基本清楚，适用法律、法规正确，驳回上诉，维持原判。

哈尔滨市规划局处罚案强调了行政行为在追求行政目的同时，应当使相对人权益受到的损害尽可能小，体现了比例原则在行政法领域的运用。这一裁决有助于推动行政机关在实施行政处罚时更加审慎，充分考虑行政行为的必要性和合理性，保护公民和法人的合法权益不受不适当行政行为的侵犯。

3. 信赖保护原则

行政执法中的信赖保护原则是指行政相对人对行政权力的正当合理信赖应当得到法律的保护，即行政机关不得擅自改变已生效的行政行为。

如果出于必要原因确需改变行政行为的,行政机关对于由此给相对人造成的损失应当给予补偿。

这一原则的核心内容主要包括以下几个方面:第一,行政相对人基于对行政机关行政行为的合法性与有效性的信赖而与行政机关合作,这种信赖应当受到法律保护。这意味着行政机关在作出行政行为时,应当充分考虑到相对人的信赖利益,避免随意变更或撤销已生效的行政行为。第二,行政相对人因行政机关的行政行为而获得的利益,应当受到法律保护。如果因为特殊原因需要撤销或改变行政行为,行政机关应当给予相对人合理的补偿。第三,如果第三人因为不知道行政行为有瑕疵而与行政相对人发生某种法律关系,由于行政机关对相对人授益行为而给第三人带来的利益,也应当受到保护。第四,值得保护的信赖必须是正当信赖。所谓正当信赖是指相对人对国家之行为或法律状态深信不疑,且对信赖基础之成立为善意并无过失;若信赖之成立系可归责于相对人之事由所致,信赖即非正常,而不值得保护。

【案例分析:郴州饭垄堆矿业有限公司诉国土资源部案】

郴州饭垄堆矿业有限公司诉国土资源部案是一个典型的涉及行政法中信赖保护原则的案例。本案中,郴州饭垄堆矿业有限公司因拥有的矿区存在垂直投影重叠的情况,国土资源部在处理这一问题时,作出了撤销其采矿许可证的行政行为。郴州饭垄堆矿业有限公司不服,认为国土资源部的决定违反了信赖保护原则,遂提起行政诉讼。案件的核心问题是国土资源部撤销饭垄堆公司采矿许可证的行政行为是否违反了信赖保护原则。

最高人民法院在审理此案时指出,行政行为的变更或撤销应当审慎进行,尤其是当行政行为已经形成了新的行政法律状态时。法院认为,国土资源部在作出撤销决定时,未充分考虑郴州饭垄堆矿业有限公司因合理信赖而产生的合法权益,因此,该撤销行为违反了信赖保护原则。

最高法院最终判决撤销国土资源部的行政行为，并要求其重新作出行政决定。

该案件强化了信赖保护原则在行政法中的适用，明确了行政机关在变更或撤销已生效的行政行为时，必须充分考虑行政相对人因信赖行政行为而产生的合法权益。这一裁决有助于推动行政机关在行使职权时更加审慎，保护公民和法人的合法权益不受不适当行政行为的侵犯。

4. 效率原则

行政执法中的效率原则是指在依法行政的前提下，行政机关对社会实行组织和管理过程中，以尽可能低的成本取得尽可能大的收益，取得最大的执法效益。与国家立法机关、司法机关相比，行政机关更强调效率，执法主体要从保护公民权利和国家利益出发，对行政相对人的各项请求及时作出反应，对各种行政事务及时通过执法作出反应。

效率原则要求执法主体必须严格按照法定程序和法定时限执法，积极履行法定职责，提高办事效率，不能借口效率而违反法律规定，不能以损害行政相对人的利益为代价满足效率的需要，效率原则是建立在合法性基础上的。执法遵循效率原则还应做到执法行为的准确，避免出现不适当、不合理的执法而影响执法效率。

【案例分析：栾川县某养殖专业合作社非法占地案】

河南省栾川县某养殖专业合作社非法占地案发生在2022年。该合作社违法建设养鸡场总面积9.968亩，造成了8.879亩耕地（其中基本农田6.722亩，一般耕地2.157亩）的种植条件严重毁坏，违法建筑面积4720.17平方米（7.08亩）。

案件的核心问题是合作社的行为是否违反了土地管理相关法规，以及行政执法机关是否高效、规范地执行了相关执法程序。郑州铁路运输法院认为，栾川县某养殖专业合作社未经批准占用耕地建设养鸡场，栾川县自然资源局将案件移交公安机关后中止调查，存在未依法全面履行职责的问题。最后法院判决确认栾川县自然资源局未依法全面履行职责的行为违法。这一案件显示了，如果行政机关不能依法、全面、高效地履行行政职能，也会面临败诉的风险。

（四）《悲惨世界》中沙威的执法困境

维克多·雨果的小说《悲惨世界》是一部描绘 19 世纪法国社会生活的史诗性作品，其中包含了许多关于执法的情节。故事围绕主人公冉·阿让的一生展开，他因偷面包被判重刑，出狱后在主教的感化下决心从善，成了一位正直的市长和慈善家。小说围绕着一对矛盾展开情节，即警察沙威与越狱犯冉·阿让的追捕与逃亡的紧张关系。警察沙威是一个对法律有着绝对忠诚和信仰的人，他认为法律是至高无上的，并且致力于追捕违反法律的人，包括主人公冉·阿让。沙威的执法效率很高，他不知疲倦地追捕逃犯，以维护法律的尊严和社会的秩序。

然而，沙威在小说中的困境在于他逐渐意识到法律的严格执行并不总是等同于正义。特别是在被冉·阿让的善行所触动后，沙威开始质疑自己的信仰和法律的绝对性。在小说的高潮部分，沙威在执行自己的职责和承认冉·阿让的道德转变之间感到矛盾。他最终选择放走了冉·阿让，这表明他开始认识到法律之外还有更高的道德原则。

电影《悲惨世界》剧照

执法活动的有效实施，需要执法人员对执法行为本身的认同。在《悲惨世界》中，沙威的行为引发了人们关于法律与道德、正义与仁慈之间的深刻思考。沙威代表了法律的严格执行，而冉·阿让的转变则体现了人性和社会的复杂性。沙威的困境在于他无法接受自己对法律的忠诚与内心对正义的渴望之间的冲突。他无法调和这种矛盾，最终选择了自杀，这反映了他内心的深刻挣扎和对法律绝对性的怀疑。沙威的故事展示了即使是最有效率和最忠诚的执法者，也可能面临法律与道德之间的冲突。他的角色挑战了读者对于法律、正义和效率之间关系的理解。

在实际的执法过程中，既需要遵循法律的规定和程序，也需要结合具体情况加以分析，确保法律的公正性、合理性和有效性。

三、为什么法院是法律帝国的"首都"

（一）法院在法律体系中的地位

在德沃金所著的《法律帝国》一书中，法律体系被比喻为一个帝国，而法院则是帝国的首都。[①] 这个比喻揭示了法院在解释和适用法律、维护法律秩序和公正方面的中心作用。

在德沃金的法哲学中，法官扮演着至关重要的角色，他们不仅是法律帝国的君王，更是法律解释和发展的关键人物。德沃金认为，法律是一种解释性的概念，需要法官通过解释来发现和创造法律。他反对法律实证主义的观点，主张法律不仅仅是社会惯例的体现，而是应当包含道德和政治原则的整体性。法官在裁判时应当追求法律的整全性（law as integrity），即法律应当是一致的、公正的，并且尊重个人权利。

德沃金的这一比喻强调了法院在法律体系中的核心地位，以及法官在解释和应用法律时的权威性和责任感。他的思想对法学理论和司法实

---

① 罗纳德·德沃金：《法律帝国》，许杨勇译，上海三联书店2016年版，第320页。

践产生了深远的影响,特别是在英美法系国家中,法官的解释权和裁判权被高度重视。

（二）法院的作用

1. 审判解释的权威性

法律规范具有抽象性、概括性,只有经过解释才能适用于具体的行为和关系。在审判过程中,法官需要根据案件的具体情况和法律规定,对法律进行解释和适用。审判解释是最高人民法院对人民法院在审判过程中具体应用法律问题所作的解释,对全国的审判工作有指导意义和效力,可以作为法院办案的依据。这种解释不仅是对法律条文的字面解读,更是结合案件事实、法律原则、立法精神等因素进行的综合判断。

2. 法律适用的最终裁决

法院的判决,作为法律适用过程中的终极裁决,不仅是对案件争议双方权利义务关系的明确界定,更是国家意志与法律精神在具体案件中的最终体现。司法是正义的最后一道防线,一旦法院依法作出判决,该判决便成为具有普遍约束力的法律文件,禁止人们随意宣告终局裁判无效和擅自加以改动,解决纠纷的其他裁判形式都不具有司法的这种终局性。

3. 维护法律秩序和公正

法院通过公正审判这一核心职能,不仅维护了社会秩序的稳定与和谐,更促进了社会公正价值的深入人心。它是法治社会不可或缺的重要组成部分,也是推动社会进步和发展的重要力量。正如德沃金所说:"法院不仅要解决个案,还要通过判例形成法律原则,指导未来的法律实践。"

（三）司法的原则

1. 依法独立行使职权原则

司法依法独立行使职权原则是指司法机关在行使司法权时,依照法律的规定独立进行,不受行政机关、社会团体和个人的干涉。这一原则是现代法治国家普遍遵循的基本原则之一,其核心目的是保障司法公正和法律的统一、权威。司法权独立行使原则体现了司法的基本规律。①

司法依法独立行使职权原则是确保法律公正实施的关键，有助于维护社会秩序和保护公民权利。在不同国家和地区，这一原则的具体实现方式可能有所不同，但基本原理是相通的。《中华人民共和国宪法》中关于司法依法独立行使职权的原则体现在第一百三十一条中，该条规定："人民法院依照法律规定独立行使审判权，不受行政机关、社会团体和个人的干涉。"这一条规定确保了我国司法机关在依法独立行使职权时，能够做到公正、公平地审理案件，保障了法律的正确实施和公民的合法权益。同时，这也体现了《中华人民共和国宪法》对于法治原则的坚持，即所有国家机关和公民都必须遵守法律，并依法办事。

2. 司法平等原则

司法平等原则是法律面前人人平等原则在司法活动中的体现。② 我国宪法也确立了司法平等原则，它要求在法律面前所有公民平等，无论是在享有权利还是履行义务方面。《中华人民共和国宪法》第三十三条第二款明确规定："中华人民共和国公民在法律面前一律平等。"第五条第五款也规定："任何组织或者个人都不得有超越宪法和法律的特权。"这意味着所有人都平等地受到法律的约束，任何人的合法权利都平等地受到保护，对违法行为也平等地依法予以追究。

司法平等原则是法治的核心内容之一，它与司法依法独立行使职权原则、法律的至上性原则、法律的明确性和预期性原则以及正当程序原则等共同构成了法治国家的基石。这些原则的实施，保障了法律的公正性和权威性，维护了社会公平正义。

3. 司法责任原则

司法责任原则是指司法机关和司法人员在行使司法权过程中，如果

---

① 张文显：《法理学（第五版）》，高等教育出版社2018年版，第252页。
② 同①。

侵犯了公民、法人和其他社会组织的合法权益,并且造成了严重后果,应当承担相应的责任。这一原则体现了权力与责任相统一的法治精神,确保司法机关和司法人员在行使司法权时既得到法律的保障,又受到法律的约束和监督。在我国,司法责任制的改革正逐步推进,旨在优化审判资源配置,明确审判组织权限,完善司法责任制,建立健全符合司法规律的审判权力运行机制,确保法官依法独立公正履行审判职责。我国的国家赔偿法、法官法、检察官法、监察法等法律均对司法责任原则有所规定。2020年3月,中共中央办公厅发布《关于深化司法责任制综合配套改革的意见》;2020年7月,最高人民法院发布《关于深化司法责任制综合配套改革的实施意见》,对司法责任制进行了专门规定。

4. 司法公正原则

司法公正原则是法治社会中司法活动的核心要求,是社会正义的最后一道防线,它涵盖了司法活动的整个过程,从案件的受理、审理到裁决的执行,都应体现公平和正义。司法公正包括实体公正和程序公正。实体公正即裁决应当基于事实和法律,公正合理,符合社会的公平正义观念。此外,司法活动应当及时高效,避免无故拖延,以免造成当事人的权益受损。当出现司法错误时,应当提供有效的救济途径,如申诉或上诉机制,以确保错误能得到纠正。程序公正是司法公正的重要方面,它要求司法程序公开透明,保障当事人的诉讼权利,包括辩护权、知情权和上诉权等,确保每个人都能充分表达自己的意见和诉求。

总体来说,司法必须贯彻"以事实为根据,以法律为准绳"的方针。除了上述四个原则之外,在我国,司法还需坚持"以政策为指导"原则,以党的政策作为工作导向,做到正确适用法律,实现司法的法律效果、政治效果与社会效果的统一。[1]

---

[1] 张文显:《法理学(第五版)》,高等教育出版社2018年版,第254页。

四、权力的眼睛：监狱、规训机制与法的运行

(一) 监狱制度背后的权力运作

在《规训与惩罚》中，福柯通过对 18 世纪法国监狱制度的分析，揭示了现代社会中权力的微观管理和个体的规训过程。福柯认为，监狱不仅仅是一种惩罚手段，更是现代社会中权力运作的一种体现。[①]通过监狱，权力得以深入个体的日常生活，对其进行观察、评估和改造。

1. 监狱的类型

监狱可以根据其功能和目的进行分类。例如，有针对未成年犯的少年管教所，这些机构通常更注重教育和心理辅导，以帮助未成年犯重新融入社会。还有针对女性犯人的女监，这些监狱在设计和管理上往往考虑到女性的特殊需求和心理特点。此外，还有高度设防的监狱，用于关押极度危险的罪犯，这些监狱的安全措施和监控系统通常更为严格。

2. 监狱的规训机制

在监狱中，权力通过"监视"这一机制得以实现。福柯将这种监视称为"权力的眼睛"。

从历史的角度来看，监狱制度经历了从封建社会地牢到现代矫正机构的转变。在封建社会，监狱主要用作关押政治犯和战俘，其功能主要是隔离和保护社会免受犯罪分子的侵害。而现代社会的监狱则更加注重对罪犯的改造和教育，旨在通过规训和惩罚，使其重新成为社会的有用成员。

19 世纪，边沁提出了"圆形监狱"的概念，这是一种"理想"的监狱设计。边沁认为，圆形监狱是一种有效的规训机制，它通过最小的权力投入，实现了最大的规训效果。在圆形监狱的设计中，中央观察塔可

---

① 福柯：《规训与惩罚》，刘北成、杨远婴译，生活·读书·新知三联书店 2012 年版，第 224 页。

以帮助狱警随时随地观察到囚犯的一举一动,而囚犯却无法看到观察者。这种不对称的可见性,使得囚犯时刻感受到被监视的压力,从而内化规则和纪律,自觉地遵守监狱的规章制度,提高了监狱的管理效率。①

但边沁的"圆形监狱"理论备受质疑。一些批评者认为,这种设计过于强调对个体的控制和监视,忽视了人权和尊严。此外,监狱的规训机制可能导致囚犯的标签化和边缘化,使他们在释放后难以重新融入社会。

监狱的规训机制不仅存在于监狱之中,同时也渗透到了社会的各个角落。根据福柯的研究,社会几大体系,如学校、医院、军队、工厂等机构都采用了类似的规训手段,通过对个体的观察、记录和评估,来塑造和改造个体的行为。

(二)监狱规训机制中的法律运行

在监狱的规训机制实现过程中,法律起到了至关重要的作用。它不仅为规训机制提供了合法性基础,也通过明确规定和设置惩罚,强化了权力的运行。

1. 法律在监狱规训中的作用

从法理学的角度来看,法律是一种社会规范,它通过规定权利和义务,来调整社会关系、解决社会冲突。②在监狱制度中,法律明确规定了囚犯的权利和义务,以及监狱管理的规则和程序。法律的这些规定,既保障了囚犯的基本人权,也确保了监狱管理的有序进行。

然而,法律在监狱规训机制中的作用同样存在争议。一些学者认为,法律在监狱制度中可能被用作权力的工具,用来加强对个体的控制和规训。③例如,法律可能被用来扩大监狱的权力,限制囚犯的自由,甚至剥

---

① 边沁于1791年首次倡导的圆形监狱,即全景式(敞视式)监狱。
② 《法理学》编写组:《法理学(第二版)》,人民出版社2021年版,第92页。
③ 福柯:《规训与惩罚》,刘北成、杨远婴译,生活·读书·新知三联书店2012年版,第194页以下。

夺他们的基本人权。因此，需要对法律在监狱规训机制中的作用进行批判性的反思，以确保法律的公正和人道。

2. 法律运行与监狱规训的关系

法律的运行是社会秩序的基石，它通过一系列的制度和程序对社会成员的行为进行规范和指导。法律的运行不仅仅是通过惩罚实现，更重要的是通过预防、教育和改造来促进社会成员的自我约束和自我管理。在监狱制度中，法律的运行体现在对囚犯的管理和教育上，旨在通过法律的力量，使囚犯认识到自己的错误，并通过改造成为守法的公民。

监狱作为法律运行的重要场所，其管理和运作必须严格遵循法律规定。监狱管理人员必须依法行事，对囚犯进行公正、合理的管理和教育。同时，监狱制度也需要不断地进行改革和完善，以适应社会的发展和变化。例如，随着社会对人性尊严和人权保护的重视，监狱制度也在不断地向着更加文明、更加人道的方向发展。

法律运行与监狱规训相互影响、相互制约。一方面，法律为监狱规训提供了规范和指导；另一方面，监狱规训的实效也反映了法律的实际效果和社会的法治水平。监狱制度的公正与否，直接关系到法律的权威和社会的公正。因此，必须不断地审视和改进监狱制度，确保其符合法律的要求和社会的期待。

可见，监狱制度是一个复杂的社会现象，它涉及权力、规训、法律和社会结构等多个方面。通过深入研究监狱制度，不仅可以更好地理解现代社会的权力结构和法律运行的内在逻辑，还可以对如何改进监狱制度，实现更加公正和人道的法律实践进行思考。

五、正式规则与非正式规则

（一）正式规则与非正式规则的概念

孟德斯鸠认为："对一个人的不公，就是对所有人的威胁。因为对一个人的不公,所显示出来的是制度的逻辑。这种逻辑,可以用来对待所有人,无人能保证自己幸免。"的确如此,如果对一个人的不公被制度化为规则或被视为可接受的行为模式,那么这种逻辑可能会逐渐侵蚀整个社会的公平基石,导致更大的社会不公和不平等现象的出现。

一个社会往往由大致两种规则构成,正式规则与非正式规则。正式规则是由政府通过合法程序提供的规则,法律是其典型的表现形式。

孟德斯鸠(1689—1755),
法国启蒙思想家、法学家

而非正式规则,虽然不属于政府提供的法律,却在一定范围内、一定程度上实际调整着人们或特定当事人的行为。在任何一个社会中,两种规则都各自发挥着不可替代的作用。

(二)影视作品中正式规则与非正式规则的交锋

许多影视作品都探讨过正式规则与非正式规则的关系,最为经典的角度莫过于从黑帮故事的叙述角度来探讨。无论是《教父》、《新世界》还是《狂飙》,都深刻探讨了非正式规则与正式规则的角力。

从上述影视剧的黑帮故事叙述角度来看,正式规则是国家的法律及明面上的制度安排,非正式规则由黑帮提供,自己负责规则的实施。在此特定语境下,正式规则通常被视为正义的化身,而非正式规则(如黑帮规则)则被视为邪恶的代表。然而,这种简单的二元对立并不能全面反映现实社会的复杂性。

以黑帮电影《教父》为例,如果要评价史上最精彩的电影开头,那

电影《教父》剧照

可能非《教父》莫属了。电影通过三个人物的故事及一场婚礼就把整部电影涉及的几十个人物全部交待了出来。电影开头第一句话尤为震撼且充满悬念:"我也曾相信美国。"这句话来自西西里的殡仪馆老板。他移民美国后一直遵纪守法,与教父这些黑帮从无交集,他相信美国的法律可以保护他。直到有一天,他的女儿被几个年轻人轮奸并且被打到下颌破裂。然而,由于行凶者家庭背景很深,几人最终仅被判了缓刑,没有付出其他任何代价。

此时,正式规则所提供的救济对殡仪馆老板来说是无效的、不公正的,他需要教父帮他用非正式规则解决公正问题。由此看来,对当事人来说,正式规则和非正式规则并不是非黑即白的。

韩国电影《熔炉》讲述了来自首尔的美术教师姜仁浩应聘到雾津的慈爱聋哑学校任教后,逐渐发现学校中存在的性暴力和虐待儿童的惊人黑幕。他与人权运动者徐幼真携手,试图揭开这些黑暗面,为受害学生讨回公道。然而,在揭开真相的过程中,他们遭遇了校方、警察、律师乃至法官的层层阻挠和包庇,正义之路异常艰难。最终,在媒体和舆论的压力下,部分罪犯被逮捕并接受审判,但由于法律漏洞和特权阶层的

第十一讲 法律如何运行

电影《熔炉》剧照

勾结，审判结果让人难以接受。在这个电影中，正式规则提供了一个让当事人崩溃、让所有人愤怒的审判结果，正义未能得到完全伸张。

电视剧《狂飙》则解释了非正式规则的补充作用。在剧中，高启强出身贫寒，早年父母双亡，他作为长兄承担起抚养弟弟妹妹的重担。在底层社会挣扎的过程中，他遭遇了不公平的待遇和欺压，如市场管理员索贿、收取保护费等，这让他深感无力与愤怒。最终，高启强在暴力压迫和权力诱惑下踏上了黑化之路。剧中，高启强这一角色展现了黑帮老大的另一面，他不仅做慈善、顾家庭、重情重义，而且通过制定非正式规则保障了商户的公平竞争权。电视剧《狂飙》反映了一个现实：在正式规则无法覆盖或无法提供所需正义的地方，非正式规则就会产生并发挥作用。当然，高启强由于违反了法律为代表的正式规则，最终被绳之以法。

而韩国黑帮电影《新世界》则反映了在某些极端情形下，正式规则与非正式规则的艰难抉择。影片主要讲述了作为具体个人的警察卧底和黑社会混混在正式规则与非正式规则之间的挣扎与抉择。电影主人公原是一名警察，为了打击犯罪而潜入黑帮做卧底，但随着时间的推移，他

法理学十二讲 文学影视作品中的法理呈现

电视剧《狂飙》剧照

在黑帮中逐渐建立起了自己的地位和人际关系。在这个过程中,他不仅见证了黑帮内部的非正式规则如何运作,也体会到了这些规则在某些情况下比正式规则更加有效和直接。电影中的黑帮,虽然在法律上是非法的存在,但它却有着自己的一套规则和秩序。这些规则和秩序尽管不被正式法律所承认,但在黑帮成员之间却具有极高的约束力。当主人公作为警察的身份被揭露时,他所面临的不仅是黑帮的追杀,更是两种规则的碰撞。正式规则要求他维护法律的尊严,打击犯罪;而非正式规则则要求他遵守黑帮的忠诚和规则。电影通过人物的内心和行为轨迹,反映了具体的个体在两种规则之间的艰难选择。

(三)正式规则与非正式规则的相互关系

在有些情况下,正式规则与非正式规则不仅是好与坏的关系,也在一定程度上存在竞争关系。吴思在其著作《潜规则》中,详细探讨了中国古代社会中的非正式规则。他认为,非正式规则是指那些未被正式法律所规定,但在实际生活中却广泛存在并发挥作用的规则。这些规则往往与权力、金钱和关系网有关,它们在一定程度上影响着社会资源的分配和人们的行为模式。①这种现象反映了一个现实：当正式规则无法提供公正的救济时，非正式规则就可能成为人们寻求正义的替代途径。

正式规则与非正式规则的相互关系，实际上是一个复杂的动态过程。在任何社会中，起首要作用的一般来说是正式规则，但在那些正式规则无法覆盖或无法提供人们需要的正义的地方，非正式规则就会产生。如果选择非正式规则的人越来越多，正式规则就可能被架空，最终或被非正式规则取代。

从法理学的角度来看，正式规则与非正式规则之间并非简单的对立和替代，而是相互影响、相互转化。正式规则应当具备一定的灵活性和适应性，能够及时响应社会变化和社会需求。同时，还应当关注那些正式规则无法覆盖或无法提供正义的领域，通过合理的制度设计和政策调整，确保社会的公平与正义得到有效实现。

---

① 吴思：《潜规则：中国历史中的真实游戏》，复旦大学出版社 2009 年版，第 5 页。

第十二讲　法的未来是什么

在现代哲学社会科学中，法学是一门研究国家制度和法律制度、探究法的一般规律的学问，也是一门治国安邦、经世济民、服务社会的实践之学，在推进国家治理体系和治理能力现代化上发挥着理论引领和制度支持作用。如德沃金指出，"法律是一种不断完善的实践"，只有源于实践并服务于实践的法学理论，才是真正有生命力、有针对性、有解释力的理论。法学的未来发展必须面向实践和时代，以真正实现法学的科学性、实践性和时代性。

在当下的人类社会发展中，科学技术的发展是可能会引发人类未来社会形态根本性改变的推动力。尤其是以人工智能为代表的新一轮科技革命正在到来，几乎和人一样聪明的人工智能正在全方位重塑我们的生活。对此，法律必须予以正视和回应，需要在法律原则、法律关系主体、法律权利、侵权责任构架等方面，回应强人工智能时代带来的对人主体性的冲击。法的未来是被技术塑造、同时也能够规制技术发展方向的，体现人类主体性的智慧知识体系与制度体系。

一、真实与虚拟二元世界中的法律："笛卡尔时刻"对传统法律属性的挑战

（一）什么是"笛卡尔时刻"

法国哲学家勒内·笛卡尔在《第一哲学沉思集》中提出了一个著名的论断，他通过怀疑一切，包括感官经验甚至数学和逻辑，来寻找一个

第十二讲 法的未来是什么

不可怀疑的真理,所谓"我怀疑,所以我存在",即"我思故我在"(Cogito, ergo sum),是在这种彻底的怀疑之后得出的结论,成为他哲学体系的基石。

"笛卡尔时刻"的核心在于对传统知识体系的全面怀疑,以及在怀疑的基础上寻求无可置疑的哲学基础。笛卡尔怀疑一切,包括感官经验和数学逻辑,最终发现唯一不能怀疑的是怀疑本身的存在。因此,他得出结论,一个存在的思考者是唯一可以确定无疑的,从而确立了主体性的地位。

"笛卡尔时刻"让人类陷入一种时刻的、对真实客观世界的怀疑,而这种与近些年兴起的元宇宙的二次元状态和虚拟行为具有高度的相似性。第一,二者都强调主体性的探索。笛卡尔时刻强调了对"自我"存在的探索和确认,而二次元状态和虚拟行为也常常涉及个体在虚拟世界中的身份和存在方式的探索。在虚拟世界中,用户可以自定义角色,探索不同的身份和自我表达方式。第二,现实与虚拟的界限被打

勒内·笛卡尔(1596—1650),
法国哲学家、数学家、物理学家

《第一哲学沉思集》(笛卡尔著,商务印书馆出版)

破。"笛卡尔时刻"的本质是提出我们如何区分现实与虚拟,二次元文化中,用户在虚拟角色和现实自我之间也存在一种界限模拟和被打破。"笛卡尔时刻"在哲学上强调了理性、主体性和对真实性的质疑,而二次元状态和虚拟行为则提供了一个平台,让用户可以在虚拟世界中探索自我、体验自由,二者具有高度的相似性。

(二)"笛卡尔时刻"对传统法律属性的挑战

在这一背景下,以"笛卡尔时刻"为特征的虚拟时空给传统法律制度带来了如下冲击和挑战:

第一,法律主体的重塑。在元宇宙等虚拟时空中,用户可以通过虚拟身份进行活动,这些虚拟身份是否具有法律主体资格?如果具有,它们的法律地位如何界定?这涉及法律对"人"的定义和认知的根本性变革。

第二,法律客体的拓展。数字资产、虚拟物品广泛存在,它们的法律属性如何界定?是否应当与传统的物权、知识产权等法律制度相适应?这需要法律对财产权、所有权等概念进行重新审视和解释。

第三,法律行为的变迁。在虚拟世界中,人们的交互方式和行为模式发生了变化,这些行为如何被法律所规范?例如,虚拟婚姻、虚拟犯罪等在现实世界中无法对应的行为,法律应如何作出反应?

第四,法律治理的创新。虚拟时空的去中心化特征对传统的中心化法律治理模式提出了挑战。如何在保障自由、秩序和公正的前提下,构建适应虚拟世界的法律治理体系?

(三)"笛卡尔时刻"影响下法律创新的未来方向

以"笛卡尔时刻"为特征的虚拟时空的影响下,法律创新的未来方向至少应当包括对以下问题的思考和探索:

第一,虚拟身份是否应当拥有法律主体地位。法律主体的重塑要求我们重新定义"人"在法律中的角色。在元宇宙中,虚拟身份可能不仅仅是一个游戏角色,它可能是一个具有独立意志和行为能力的实体。这就需要我们在法律上对虚拟身份的法律地位进行探讨,并分析是否应当为其赋予相应的权利和义务。

第二,法律客体的外延是否需要进行拓展。科技的快速发展要求我们对现有的财产权和知识产权制度进行重新审视。在元宇宙中,数字资产和虚拟物品的流动性、可复制性和可变性都对传统的物权制度提出了挑战。这些数字资产是否应当纳入权利的客体、应当如何进行保护,都需要在法律上予以探讨。

第三,虚拟时空发生的违法犯罪行为是否需要规制。法律行为的变迁要求我们对虚拟世界中的行为进行规范。虚拟婚姻、虚拟犯罪等行为虽然在现实世界中没有直接对应,但它们在虚拟世界中可能具有实际的社会影响和法律后果。对这些行为是否需要法律介入进行规制,需要在法律上进行探讨。

二、虚拟世界对经典力学世界观的颠覆

(一) 虚拟世界重塑世界观

虚拟世界是以计算机模拟环境为基础,以虚拟的人物化身为载体,用户在其中生活、交流的网络世界。虚拟世界的用户常常被称为"居民"。"居民"可以选择虚拟的 3D 模型作为自己的化身,以走、飞、乘坐交通工具等各种手段移动,通过文字、图像、声音、视频等各种媒介交流。尽管这个世界是"虚拟"的,因为它来源于计算机的创造和想象;但这个世界又是客观存在的,它在"居民"离开后依然存在,真实的人类虚幻地存在,时间与空间真实地交融,这是虚拟世界的最大特点。

在 21 世纪的今天,随着数字技术的飞速发展,虚拟世界已经不再是科幻小说中的概念,而是逐渐成为我们生活的一部分。从虚拟现实(VR)、增强现实(AR)到元宇宙(Metaverse),这些技术正在重塑我们对现实

世界的认知和理解。在这个过程中，我们传统的世界观，特别是基于经典力学的世界观，正面临着前所未有的挑战。

(二) 经典力学世界观及其与现存法律体系的契合性

经典力学世界观是基于艾萨克·牛顿在17世纪提出的力学体系形成的一套理解自然界物体运动的方式。牛顿力学体系，也称为经典力学或牛顿力学，是描述宏观尺度上物体运动的基本理论框架。它由牛顿的三大运动定律和万有引力定律组成。经典力学世界观认为，只要知道了所有相关的力和物体的初始条件（位置和速度），就可以准确预测物体的运动。这种世界观在科学和工程领域有着广泛的应用，它为现代科技的发展奠定了基础。

这一世界观认为时间和空间是绝对的、独立的，物理过程是确定性的，即给定初始条件可以准确预测未来状态。它还假设物理量是连续变化的。在这一世界观下，人类社会的发展和科技进步都在一定程度上依赖于对自然界规律的理解和应用。可以说，我们目前的法律制度和体系，与经典力学世界观是契合的。这种契合主要体现在以下几个方面：

第一，确定性和可预测性：经典力学的确定性原则与法律体系追求的可预测性相吻合。法律旨在为社会成员提供明确的行为准则，确保社会秩序的稳定性和可预测性。

第二，因果关系：牛顿力学中的因果关系（作用力导致物体运动）与法律责任的因果关系原则相似。法律体系中，行为与后果之间的因

艾萨克·牛顿（1643—1727），
英国物理学家、数学家、哲学家

果关系是判断责任和处罚的关键。

第三，规则和秩序：经典力学通过定律为物体运动提供规则，而法律体系通过法规为社会行为提供规范，两者都旨在维护秩序。

第四，宏观适用性：法律体系主要针对宏观社会行为，与经典力学在宏观尺度上的适用性相一致。

第五，普遍性原则：经典力学的定律在宏观世界具有普遍适用性，法律体系也追求普遍性和一致性，以确保公平和正义。

（三）虚拟世界的兴起及其对经典力学世界观的颠覆

虚拟世界，特别是元宇宙的兴起，为我们提供了一个全新的视角来观察和理解世界。在虚拟世界中，时间和空间的概念被重新定义，物体的运动不再受到物理规律的限制。这种全新的体验和认知方式，正在逐步改变我们对世界的理解。

首先是时间和空间的相对性。虚拟世界对时间和空间的处理方式与经典力学中的绝对时空观不同。在虚拟环境中，时间和空间是可塑的，用户可以体验到时间的加速或减慢，空间的距离可以被压缩或扩展。这种对时间和空间的相对性处理，打破了经典力学中时间和空间作为独立、绝对实体的观念，挑战了经典力学中时间和空间的绝对性。

其次是因果关系的复杂性。在虚拟世界中，事件的发生往往不再遵循简单的因果关系。例如，一个虚拟角色的行为可能同时受到多个因素的影响，这使得因果关系变得更加复杂和难以预测。

最后是非线性动力学的兴起。虚拟世界中的现象往往表现出非线性特征，这要求我们采用非线性动力学的理论来理解和描述这些现象，而非传统的线性力学模型。这些颠覆不仅挑战了我们对物理世界的传统认知，也为我们提供了探索新哲学思想的途径。

（四）虚拟世界与法理学未来的发展方向

在探讨了虚拟世界对经典力学世界观的颠覆以及对法律领域的挑战

之后，我们还需要关注未来虚拟世界法理学的发展方向。以下是几个可能的发展方向：

第一，非人类中心主义的法理学：随着虚拟世界的发展，法律规则可能不再仅仅围绕人类主体构建，而是需要考虑多元主体，包括人工智能、虚拟实体等。

第二，多维时空法律关系：虚拟世界中的法律关系可能不再局限于传统的三维时空，而是需要在多维时空中寻找新的法律逻辑和解释框架。

第三，自适应与极化法律机制：未来的法律可能需要更多地依赖于自适应系统，以及在多维时空中的极化机制，来处理虚拟世界中的复杂关系。

第四，人工智能与人性的价值平衡：在人工智能日益渗透人类生活的同时，法理学需要探讨如何保护人性价值，避免人工智能对人类自由和尊严的侵蚀。

第五，跨学科法理学研究：未来的法理学研究可能需要更多地结合计算机科学、认知科学、社会学等跨学科知识，以全面理解虚拟世界的法律问题。

虚拟世界对经典力学世界观的颠覆，不仅仅是技术上的革新，更是对人类认知和社会结构的深刻影响。如何构建适应虚拟世界的法律体系，如何在保护个人权益和促进技术创新之间找到平衡点，以及如何通过法律手段促进虚拟世界与现实世界的和谐共存，是法学理论亟需关注的问题。

三、《黑客帝国》对洞穴寓言的重申及"大他者"是否存在

（一）柏拉图的洞穴寓言意蕴

柏拉图是西方哲学的泰斗，在他的代表著作《理想国》里，他用苏格拉底和其他人的哲学对话形式建构了西方理想主义的国家模型。在《理想国》里，柏拉图提出了著名的洞穴寓言：

第十二讲 法的未来是什么

"洞穴里的囚犯们的脖子上,手上以及脚上都戴上镣铐,他们从一生下来就是这个样子,因此他们对于其他的生活根本上就是没有经历过的,当看守他们的人以木偶剧的形式在火堆的亮光上传递动物和人物的时候,应该就出现在他们看见的墙上。囚犯因此就观看着墙上的活动的影子,不是真实动物的影子,而是被雕刻出来的影子。而造成这些影子的是火光,不是最有可能形成影子的光,即使是阳光也不可能。然而这些囚犯根本上不知道自己是囚犯,他们不会怀疑,除了他们经历的事情以外还有任何的真实,直到有一天,其中的一个囚犯被释放了,来到外面的世界,透过阳光他看到事物本来的真实面目,他没有自私地待在外面的世界里,而是返回到洞穴里去告诉其他的人真相,可是其他人却用嘲笑和抵抗来回报他的好心,认为他真的疯了,甚至是癫狂状态。""假设他们中的一个人被解放了,被迫突然站了起来,把头转过来,眼睛在灯光的照耀下活动,所有的这些动作都将会是很痛苦的,他会感觉到头晕目眩而无法辨认这些物体,虽然这些物体的影子,他曾经看到过,如果有人告诉他,他以前所看到的东西都是毫无意义的幻觉,你认为他会说什么呢?但是现在,真实近在咫尺,他看到的是更加真实的物体,那么他会有一种更加真实的感觉了么?他不会感觉到困惑了么?不会认为现在给他看到的物体不可能的那样的真实么?"①

柏拉图的洞穴寓言是西方哲学史上最著名的隐喻之一。在这个寓言中,一群囚徒自出生以来就被束缚在一个洞穴里,他们面对着墙壁,背后是一堆火光。囚徒们只能看到墙壁上由火光投射出来的影子,而这些影子是他们唯一认知的现实。对于他们来说,这些影子就是世界的全部。直到有一天,其中一个囚徒被释放,他走出洞穴,第一次看到了真实的世界。当他回到洞穴试图告诉其他囚徒真相时,他们却不相信他,甚至

---

① 柏拉图:《理想国》,郭斌和、张竹明译,商务印书馆2017年版,第275—279页。

对他产生了敌意。

这个寓言提出了几个重要的哲学问题：什么是真实？我们如何认识真实？我们的知识和信念是如何形成的？柏拉图通过这个寓言强调了理性的重要性，认为只有通过理性的思考和哲学的探索，人们才能超越感官经验，认识到真实的世界。正如海德格尔在读到"洞穴之喻"时说："正如苏格拉底向我们保证的那样，这个比喻准确地描绘了人的日常境况，恰恰因为人们除了日常的规范之外再没有任何其他标准，所以人们根本就看不到这个境况中令人奇怪的东西。"同时，柏拉图的洞穴寓言也揭示了一个非常残酷的问题：很可能我们大多数人都没有能力认识真实的世界，走出洞穴。事实上，柏拉图认为，我们所生活的现实就是存在着的最真实、最高层次的现实，我们在现实的水平上所经历的一切都是经过我们的感官所获得的，它们只是对更高层次的现实——即浅层次的模仿和复制品而已。

（二）《黑客帝国》对洞穴寓言的重申及法哲学启示

柏拉图的洞穴寓言被电影《黑客帝国》借鉴，《黑客帝国》在很多方面重申了柏拉图的"洞穴寓言"，同时也带来了法哲学的启示。

电影《黑客帝国》剧照

第十二讲　法的未来是什么

首先是现实与虚幻的界限。《黑客帝国》提出了一个根本性的问题，即我们如何区分现实与虚幻。在电影中，"矩阵"（Matrix）是一个完美的虚拟现实，"矩阵"中的人们对其所知的一切，包括他们的身体、感情和记忆，都是由机器控制的程序所创造。这让我们思考，在现实生活中，我们的感知是否也受到某种程度的操控？我们的现实是否也可能是一种"矩阵"？电影中所描述的"矩阵"是一个由控制者构建的虚拟现实世界，它禁锢了人类的意识，使人们相信这个虚拟的世界是真实的。这与柏拉图的洞穴寓言中，囚徒们被束缚在一个洞穴里，只能看到墙上的影子而无法看到外面真实世界的情形非常相似。在寓言中，囚徒们认为影子是真实的，而忽视了真正的现实，而《黑客帝国》通过"矩阵"这一设定，重申了柏拉图关于认知真实与虚幻的哲学议题。

其次，电影中的主人公尼奥（Neo）在发现"矩阵"的真相后，选择红色药丸，走出了虚拟世界，这个过程象征着对自由意志的追求和对真实的探索。这与洞穴寓言中被释放的囚徒选择走出洞穴，去探索真实世界的过程异曲同工。尼奥的旅程是对个体认知自由的探索，同时也是对法哲学中关于自由、权力和控制的深刻反思。

最后，是自由意志与决定论。电影中的"矩阵"代表了一种极端的决定论观点，即人类的行为和思想都是被预设的程序所控制。然而，尼奥和其他反抗者的存在，表明了即使在一个被控制的世界中，自由意志仍然是可能的。这引发了关于

雅克·拉康（1901—1981），
法国作家、医生、学者、精神分析学家

179

自由意志与决定论的哲学讨论，以及在现代社会中，我们如何在法律和道德的框架内行使自由意志。

（三）《黑客帝国》中"大他者"的存在及现实意义

"大他者"（the Big Other）是雅克·拉康在心理学领域提出的概念，是其精神分析理论中的核心组成部分。它代表着社会规范、文化价值观和意识形态的集合体，所有个体都必须与之互动。大他者不是某个特定的他人，而是一种结构性的存在，它规定了个体在社会中的位置和角色。

在法理学中，这一概念被用来解释法律如何通过规范和约束来塑造个体的行为。在《黑客帝国》中，矩阵就是"大他者"的体现，它通过控制人类的思维和感知来维持自身的统治。在现代社会中，"大他者"可能以多种形式存在，例如法律、媒体、教育等。这些力量塑造了我们的世界观和价值观，影响着我们的行为和决策。从这一角度，洞穴寓言和《黑客帝国》为我们提供了关于法理学的重要启示。

首先，它们强调了人类认知的局限性。人类的法律和正义观念可能受限于社会和文化背景，因此，需要批判性地审视现有的法律规范，探索它们背后的假设和价值观，需要不断地质疑和反思，以寻求更深层次的真实。

其次，觉醒与自由是法理学中的重要主题。柏拉图的《理想国》重点探讨的就是人如何走出洞穴，获得自由。在当代社会，个体也需要对现有制度和社会结构拥有批判性思考，以促进制度不断完善和更广泛的自由与公正。

最后，随着科技的发展和虚拟世界的兴起，我们面临着新的法律挑战。我们需要重新思考法律的本质和功能，探索适应未来社会的法律规则。我们需要不断发展和丰富法学理论，以应对由人工智能、数字化等科技发展带来的复杂问题。

四、人工智能对人的主体性的侵蚀与挤压:AI 能不能成为法律关系的主体?

(一)电影《人工智能》引发法律关系主体的思考

近年来,全球人工智能技术快速发展,成为推动科技和产业加速发展的重要力量,对经济社会发展和人类文明进步产生深远影响。尤其是生成式人工智能(AIGC)技术的发展,直接在语言表达层面逼近人类的水平。海德格尔曾说:"语言是存在的家。"但目前飞速发展的生成式人工智能似乎已经拥有了人类才拥有的开口说话的能力,人工智能的文字表达水平令世界震惊。在这个背景下,需要深入探讨人工智能对人的主体性的侵蚀与挤压,以及人工智能是否能成为法律关系的主体。

电影《人工智能》是由斯皮尔伯格执导的科幻类电影,讲述了一个名为大卫的机器人儿童,他被设计成能够爱人并渴望成为真正的人类。他在程序中被设定为去爱他的父母,不管他的父母怎样对他,他都会爱他们。很多人看后觉得人类比机器复杂多了,人类会欺骗、会隐瞒感情,

电影《人工智能》剧照

而机器却会永远忠于设定时的目标。大卫的故事触及了人工智能与人类情感、伦理和法律关系的复杂交织。电影中的人工智能不仅展现了高度的自主性和情感能力,也引发了关于人工智能是否能够成为法律关系主体的深刻思考。

电影中的大卫虽然是一个虚构的角色,但他的故事让我们思考了人工智能在未来可能拥有的主体性。如果人工智能真的能够发展到拥有类似人类的情感和自我意识,我们是否应该赋予它们法律上的主体地位?这将涉及对现行法律体系的根本性改变。

(二)生成式人工智能技术的发展及其带来的法律问题

人工智能创作文字、音乐、图画,是近年以来一直不断发展的过程。在2017年,一位艺术家与人工智能程序"Amper"合作,推出了世界上第一张人工智能创作音乐专辑《I Am AI》。《福布斯》使用"Bertie"的人工智能来帮助记者写时评,《华盛顿邮报》用"Heliograf"写作,创作了上千篇文章,并获"优秀机器人使用奖"。在绘画领域,2020年,Pix2Pix程序可以将一幅粗糙的草图转换成照片或画作,并在佳士得拍卖会上拍出了43.25万美元。2022年,ChatGPT横空出世,以其为代表的生成式人工智能与之前的人工智能相比,几乎已经摆脱了过去的工具定位。生成式人工智能在算法和程序上完全模拟大脑的神经元,科学家通过将人类的神经网络系统复制到计算机程序中,创造出人工神经网络(ANN),让人工智能像人类一样思考。在文字和艺术作品的输出方面,生成式人工智能学习的不是素材的内容,而是风格。人工智能通过大模型语言或素材训练,最终拥有的是艺术家作品的风格和创意:只需要最简单的文本提示输入,就可以根据从训练数据的创意内容中学到的知识生成新的创意输出。这种模拟当然会对人类的创作产生影响,如画家格鲁特科夫斯基(Greg Rutkowski)是2022年OpenAI开放测试中显示最受用户欢迎的画家,超过了毕加索、达利等著名画家,但格鲁特科夫斯基对此表示担忧，担心自己的原创作品会被无法区分的人工智能作品淹没。2024年2月，OpenAI发布了视频自动生成程序Sora，根据一些简单的文字提示即可自动生成60秒完整的多角度视频，再次震惊世界。生成式人工智能在语言、音乐、绘画、视频等人类表达的各个方面均呈现出迅速发展乃至大有取代人类之势。可以说，生成式人工智能几乎已经打破了著作权法的底层逻辑，也即，人类对"独创性表达的垄断"被打破，"思想—表达二分法"的适用价值被消解。① 具体来说，生成式人工智能技术的发展在法律上提出了以下几个重要问题：

第一，人工智能是作者吗？人工智能生成物是作品吗？

一直以来，著作权法上作品的认定核心是"原创"。如美国最高法院认为，作品的"原创"（originality）一词包括两部分：独立创作和充分创造，即作品必须是作者独立创作的，且作品必须具有足够的创造性。同时，著作权只保护表达、不保护思想，要求原创性的表达必须固定在有形表达媒介上，几乎已经成了各国共同认可的划分标准。但用这些标准来衡量生成式人工智能创作物，会发现它几乎满足著作权法上的所有要件：生成式人工智能创作物是原创的，是创作的，是固定存于有形媒介中的，问题的核心在于生成式人工智能创作物的构思和设计试图把人类作者从创作过程中剥离。如果成功的话，那么生成式人工智能创作物缺少的只是人类作者这一项，而其他均符合著作权法上的作品要求。②

因此，生成式人工智能创作物在法律上提出的第一个难题是人工智能是不是作者。因为仅从作品中心主义来看，人工智能生成物在原创性上已经达到了著作权法的保护程度，这也是一些学者认为应当用客观标

---

① 司晓：《奇点来临：ChatGPT时代的著作权法走向何处——兼回应相关论点》，载《探索与争鸣》2023年第5期。
② 冯晓青、李可：《人工智能生成内容在著作权客体中的地位》，载《武陵学刊》2023年第6期。

准来衡量人工智能生成物，不能因为人工智能的非人类属性而否定人工智能生成内容的作品属性的原因。因为著作权法的目标是保护创作本身，而不是仅保护人类的创作，无论创造力来自人类或非人类都应当受到著作权法保护。但与此同时，如果给予人工智能和人类同样的保护，或者将人工智能视为作者，又可能会带来人类的去中心化危机。

第二，要保护谁：人工智能、程序员、开发者还是用户？

"猴子自拍"照片之一

在生成式人工智能出现之前的人工智能时代，人工智能生成物的版权或著作权保护问题是比较容易界定的。哈佛大学米勒教授当时给出过一个普遍比较认同的结论，后来被美国法院在近30个案件中广泛引用：首先，人工智能生成的内容有权获得版权保护；其次，作品应当界定为人工智能的使用者。理由是作品不应当因为人工智能对表达的创造作出了贡献而被取消资格，人工智能在创作中充当中介，版权法需要保护的是客观的作品。但生成式人工智能出现后，人工智能参与创作的逻辑发生了根本变化：生成式人工智能创作过程无须人类过多参与，它通过大语言模型进行模拟风格训练，只需要向人工智能程序提供最笼统的指令，它就能从中生成非常精致、完整的文章或艺术作品。已经有证据表明，机器学习研究已经达到了人类参与著作权变得微乎其微或根本不存在的地步。因此，按照传统的将人工智能视为人类创作工具的理论框架，如果要保护生成式人工智能创作物，人类作者究竟如何确定也是一个难题。

第三，要怎样保护：所有生成式人工智能创作物都受著作权法保护吗?

生成式人工智能出现后的第三个著作权法问题是,即便要保护创作物,但是保护的范围怎么界定?是所有人工智能生成物都纳入保护,还是需要对其进行界分?这个问题目前在学界和实务界均有较大争议。

(三)人工智能是否应当拥有著作权

关于人工智能是否应当拥有著作权,目前各国并没有一个统一的做法。有一些国家直接赋予了人工智能人类作者地位,如英国、爱尔兰、南非。英国在1998年的《版权、设计与专利法》(Copyright, Designs and Patents Act, CDPA) 中规定计算机生成作品为"缺少人类作者的作品"。印度版权局则承认人工智能工具RAGHAV是受版权保护的艺术作品的共同作者。爱尔兰与英国的立法类似,在《2000年版权及相关权利法》(Copyright and Related Rights Act, 2000) 第二部分第21条规定计算机生成的作品被定义为由计算机生成的、没有人类作者的作品。当然,由于人工智能本身无法进行收益安排,因此,无论是英国还是爱尔兰,都同时规定了计算机生成作品的所有权收益归对创作作品作出必要安排的人所有。与著作权类似的专利权方面,2021年7月28日,南非成为世界上第一个向名为"统一感知自主引导设备"(DABUS)的人工智能系统授予专利的国家。

也有一些国家仍然坚持人类中心主义,要求著作权的主体必须是人类,如中国、美国。《中华人民共和国著作权法》第九条对著作权人的范围进行了限定:作者,以及其他享有著作权的自然人、法人或者非法人组织。也就是说,《中华人民共和国著作权法》中的作者只能是自然人和法人及非法人组织。美国第九巡回上诉法院则在2018年审理过一起引发世界关注的"猴子自拍"照片版权纠纷案。案件起源于一名野生动物摄影师将相机放在印度尼西亚一个岛屿上,并设置了定期自动拍摄。当时没有预料到岛屿上的猴子按下相机快门拍了多张自拍,摄影师将照片发表后遭到善待动物组织的抗议，认为照片的作者是猴子而不是摄影师。上诉法院最终认定猴子是照片的作者，但作品不享有版权，因为猴子无论摄影技术多么娴熟，都不是人类作者，没有资格拥有版权。在这一案件之后，美国版权局于 2023 年 3 月 16 日出台文件，规定人工智能生成的作品必须有人类参与创作才能获得版权保护；并强调版权局不会注册由机器或单纯的机械过程制作的作品，因为这些作品是随机或自动生成的，没有人类作者的任何创造性投入或干预。

（四）生成式人工智能创作物是否应当受著作权法保护

生成式人工智能创作物是否应当受到著作权法保护，是自人工智能可以进行创作后就引发的法律问题。

2023 年，北京互联网法院审结一起人工智能辅助生成物的著作权保护案件。① 原告使用软件 Stable Diffusion 生成了涉案图片，被告的文章配图使用了该图片。法院认为：从图片本身来看，体现出了与在先作品存在可以识别的差异性。从图片生成过程来看，原告通过提示词对人物及其呈现方式等画面元素进行设计，通过参数对画面布局构图等进行设置，体现了原告的选择和安排。原告通过输入提示词、设置相关参数，获得了第一张图片后，继续增加提示词、修改参数，不断调整修正，最终获得图片，这一调整修正过程体现了原告的审美选择和

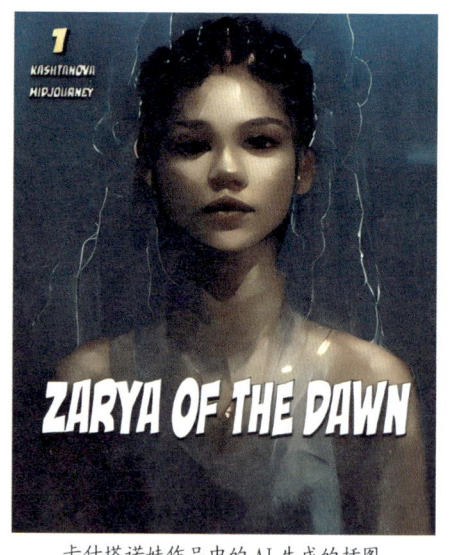

卡什塔诺娃作品中的 AI 生成的插图

---

① 参见北京互联网法院（2023）京 0491 民初 11279 号判决书。

个性判断,体现了原告的个性化表达,因此涉案图片具备"独创性"要件,受到著作权法保护。

2023 年,美国版权局关于卡什塔诺娃漫画著作案的处理也引发了广泛的讨论和关注。卡什塔诺娃(Kashtanova)运用 Midjourney 程序创作了一幅漫画并申请版权保护,美国版权局最终驳回了申请,理由是:Midjourney 程序并非卡什塔诺娃控制和引导以达到其理想图像的工具,而是以不可预测的方式生成图像。因此,就版权而言,Midjourney 用户不是该技术生成图像的"作者"。版权作品的"作者"是"实际形成图像的人",是充当"创造或主脑"的人。

由此可见,对于生成式人工智能生成的创作品到底是不是著作权法上的作品,以及是否应当保护,到现在也没有完成统一的共识和做法。AIGC 技术的发展提出了许多关于法律、伦理和社会的新问题。我们需要深入理解这些技术,以确保法律体系能够适应这一新兴技术的发展,同时保护人类的主体性和社会的公共利益。

五、元宇宙的法律难题与法律发展趋势

(一)元宇宙与法律的新挑战

元宇宙是一个由数字化技术构建的虚拟世界,它不仅仅是一个游戏或者社交平台,而是一个包含了社交、经济、文化等多重功能的综合性空间。在元宇宙中,用户可以通过虚拟身份(Avatar)进行互动、交易、创作等活动。随着技术的进步,元宇宙正在逐渐从概念走向现实,成为数字经济和社会发展的新领域。然而,元宇宙的出现和发展,对传统法律体系提出了前所未有的挑战。传统法律体系建立在物理世界的基础之上,法律关系的主体、客体和行为都是在现实世界中明确可辨的。但在元宇宙中,虚拟身份、数字资产、虚拟行为等新元素的出现,使得法律关系变得更加复杂和模糊。

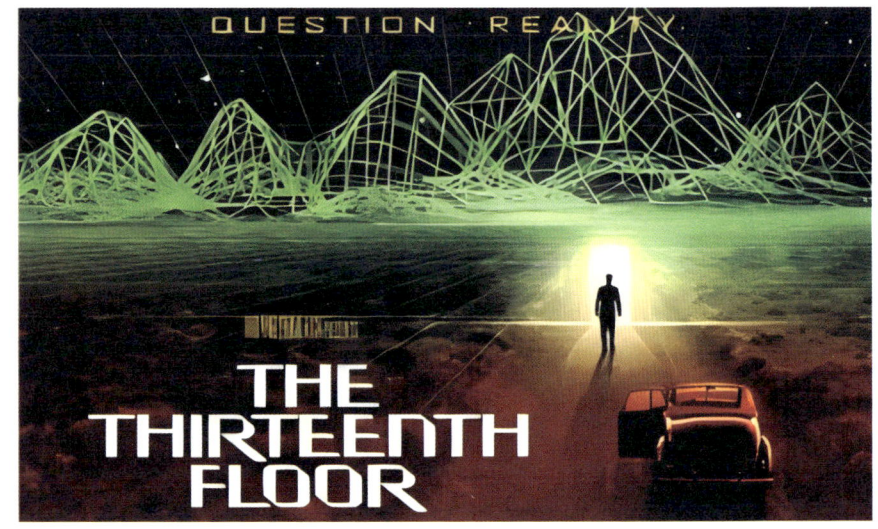

电影《异次元骇客》剧照

许多电影和文学作品都体现了元宇宙的上述特点。如电影《异次元骇客》提出了一个关于虚拟现实与现实界限的问题。在电影中,在一座大厦的第十三层,一个由计算机模拟的 20 世纪 30 年代洛杉矶世界与现实世界相互交织,主人公通过电脑进入这个虚拟世界,真实地体验 1937 年的生活与自己,引发了关于意识、存在和法律责任的深刻讨论。

电视剧集《黑镜》通过一系列独立的故事,探讨了高科技对人类社会和个人生活的潜在影响。其中不乏对虚拟世界、人工智能和法律伦理的深刻反思。而《盗梦空间》则以梦境为虚拟世界的隐喻,探讨了意识、记忆和身份认同的问题。这些问题在构建虚拟世界法律体系时同样至关重要。

(二)元宇宙带来的法律难题

元宇宙作为一个新兴的数字世界,其独特的特性和运作模式给现有的法律体系带来了前所未有的挑战。

第一,隐私保护和数据治理。元宇宙中的隐私保护问题尤为突出。

由于元宇宙的沉浸式体验需要收集大量的个人数据，包括生物识别信息、行为习惯、社交关系等，这些数据的收集、存储和使用都涉及用户的隐私权。例如，Facebook 的母公司 Meta 在其虚拟现实平台中使用用户数据进行个性化广告推送，引发了广泛的隐私担忧。用户在元宇宙中的虚拟身份和现实身份之间的关联可能导致隐私泄露，给个人隐私安全带来风险。

第二，虚拟资产的权利归属。在元宇宙中，用户可以拥有虚拟土地、虚拟商品等数字资产。这些资产的权利归属和转让问题成为法律需要解决的新难题。例如，虚拟游戏 Decentraland 是一个在线的虚拟世界平台，玩家在平台上购买虚拟土地之后，可以在上面建造自己的虚拟房屋，也可以建立自己的品牌，或者展示自己非功能性的游戏收藏。总之，作为"业主"，你可以将这块地翻新成任何你喜欢的样子，后期也可以同真实的房屋、地皮一样，在开放的市场上转售。游戏开放的当年 11 月 25 日，Decentraland 上的一块地块以 243 万美元的价格售出——创下了当时元宇宙最昂贵的虚拟房地产记录。但这些交易的法律效力如何认定？如果发生纠纷，应如何通过法律途径解决？这些问题都需要法律给出明确的答案。

第三，知识产权保护。元宇宙中的内容创造和分享极为频繁，知识产权保护问题也日益凸显。例如，艺术家在元宇宙中创作的数字艺术作品，如何确保其版权得到尊重和保护？如在 Cryptovoxels 等平台上，未经授权复制和传播他人作品的行为时有发生，这些行为如何界定和制止，是对知识产权法律的挑战。

第四，智能合约的法律效力。智能合约是元宇宙中交易和互动的基础，但其法律效力和执行问题非常复杂。例如，如果智能合约存在漏洞或者被恶意利用，导致用户损失，该如何追究责任？

第五，网络犯罪的界定与惩治。元宇宙的匿名性和跨平台特性使得网络犯罪更加难以追踪和打击。例如，虚拟世界中的欺诈、盗窃、侵犯知识产权等犯罪行为，如何界定、取证和惩治？在 Second Life 等虚拟世界中，就有用户报告过虚拟物品被盗和虚假交易等问题，但往往难以找到有效的法律救济途径。

第六，消费者权益保护。元宇宙中的消费者权益保护也是一个新问题。例如，用户在元宇宙中购买虚拟商品或服务，如果遇到虚假宣传、商品质量问题等情况，他们的权益如何得到保障？在游戏中，玩家购买的虚拟皮肤和装备如果出现问题，是否能够依据消费者权益保护法进行维权？

总结而言，元宇宙的法律难题涉及隐私保护、数据治理、虚拟资产权利、知识产权、智能合约、网络犯罪和消费者权益等多个方面。这些问题的解决需要法律界、技术界和社会各界的共同努力，以确保元宇宙的健康有序发展。

（三）元宇宙背景下未来法律发展前景

为了应对元宇宙带来的挑战，法律发展趋势可能会呈现以下几个方面：

第一，技术与法律的融合：法律将越来越多地依赖于技术手段，如区块链、人工智能等，来解决元宇宙中的法律问题。例如，通过智能合约自动执行法律规则，利用区块链技术确保数据的真实性和不可篡改性。

第二，跨国法律合作：鉴于元宇宙的全球性质，跨国法律合作将成为常态。国际社会需要共同制定和遵守关于元宇宙的法律规范，以保障全球用户的权益。

第三，法律体系的创新：现有的法律体系将面临重构的需求。为了适应元宇宙的特点，可能会出现新的法律主体概念、新的财产权制度、新的合同法规则等。

第四，法律教育的更新：法律教育将需要包括更多关于数字技术、

第十二讲 法的未来是什么

网络空间治理等内容,培养未来的法律人才能够更好地理解和解决元宇宙中的法律问题。

元宇宙作为一个新兴的数字世界,对现有的法律体系提出了重大挑战。我们必须认识到,法律的发展需要紧跟技术的步伐,不断进行自我革新和适应。通过技术与法律的深度融合、国际合作、法律体系的创新以及法律教育的更新,我们可以更好地迎接元宇宙时代的来临,构建一个公正、有序、安全的数字世界。